MANUALE ESOTERICO
sintesi della tradizione esoterica moderna

DI
VASSILI ZAMPERLINI

THE ALKEYHM LIFE INSTITUTE 2011
www.alkemlife.it

Indice

La Cosmogenesi 0, 1, 2, 3, 4, 5, 6, 7, 8, 9, 10

Lo Zero   ORIGINE

E' la quiete che contiene la potenza, la quiete è comunque in tipo di attività la cui qualità è mossa da una volontà definita che contiene nella sua fase embrionale ed amniotica. Esso in verità non è rappresentabile ma possiamo replicarne la sua presenza solo dopo il compimento definitivo della creazione con il primo numero maggiore, il dieci che manifesterà il ricordo della quiete iniziale. Simbolicamente non possiamo rappresentarlo poiché è immanifesto, ma conosciamo la sua qualità nelle sue repliche, la cui forma è quella del cerchio "0" simbolo contenitore del principio primordiale della quiete in cui sappiamo indirettamente dal Uno che esso contiene già la volontà di potenza, tuttavia non ancora pronunciata. Lo zero è il Universo.

L'Uno   ATTIVAZIONE

E' la volontà che emerge all'esterno qualificandosi come assunto di potenza da cui ne deriverà tutta la creazione successiva. L'Uno porta in se il messaggio germogliato nello zero che si esprime in maniera manifesta come portatore creativo per i passaggi successivi. Esso simbolicamente è rappresentato dal punto "*", unità primeva manifesta e metro di misura per tutte le operazioni successive. Grazie ad esso ha inizio quel processo magico che è insito nei dieci numeri naturali, senza di esso nulla può essere fatto, per questo il principio che porta all'unità è una relazione così forte, presente nell'universo, senza l'Uno la creazione non esisterebbe, esso è la causa originale di tutto il procedimento cosmogonico, poiché considerabile come il primo principio manifesto. Interessante vedere la sua rappresentazione simbolica nelle cifre arabe, in cui è segnato come; "1", la prima relazione forte si ha pensando alla figura dell'uomo eretto, quasi a voler significare, che il principio primevo del punto abbia espresso la sua creazione nel mondo con l'uomo, se desideriamo continuare con questa prospettiva possiamo rappresentare la donna come lo; "0" per via della sua rotondità, da qui l'unione tra uomo e donna 1 più lo zero 0 = 10 compimento di tutto il processo generativo dell'universo ed espressione derivante dal germoglio dello zero immanifesto.

Il Due   REPLICAZIONE

E' la risultante della venuta in esistenza dell'altro, qui l'Uno si replica da se stesso infondendo nell'altro da sé, il suo principio di unicità. Con il Due si qualifica così il principio duale dell'universo, abbiamo adesso due punti. I due punti originano una retta, Da qui si esprime ancora il principio dell'uno nella forma della singola retta, nonostante la sua genesi sia di due punti ben distinti tra loro. In questo primo stadio del processo, si definisce una prima qualità che è monodimensionale, i due punti originano la retta nella loro espressione unificante che deriva dall'Uno. Suo simbolo grafico sono i due punti: "*   *" distanti tra loro, con cui la nostra mente traccerà una linea immaginaria unificante che li qualificherà come la dualità nell'unità. Con il Due la creazione adesso ha una sua dimensione in cui esprimere le sue qualità dinamiche, generando unioni continue per mezzo dei due poli distinti tra loro. Il simbolo che meglio rappresenta questo principio è il Tao Ying e Yang, in cui la dualità è in moto dinamico nell'unità che forma nel suo insieme.

Il Tre   ESPANSIONE

Con il Tre viene formandosi la prima forma geometrica percettibile alla coscienza, qualsiasi posizione i tre punti assumano, il risultato della loro unione nel principio dell'Uno, sarà sempre un triangolo, per questo il triangolo ha relazioni forti con la creazione, è qui che nasce la forma. Da due punti di partenza si aggiunge un altro punto e si da vita alla prima forma per eccellenza. La dimensione è adesso di tipo bidimensionale, generando nell'atmosfera, una superficie in cui dimorano i principi dell'uno e del due. Suo simbolo grafico è perciò il triangolo che per ordine lo si raffigura equilatero. Il tre esplicita l'unitarietà dell'uno tra il Due di due punti, formando cosi un punto di incontro esterno alla retta, manifestando triplicità con la dualità nell'unità.

4

Il Quattro EVIDENZA

Con il quattro, proseguendo con l'aggiunta di una unità originaria, nel processo di creazione, all'esterno dei tre punti del triangolo, si ha il primo solido, questo avviene se congiungiamo tutti e tre i punti bidimensionali della forma geometrica del triangolo ad un punto esterno da esso, ecco nascere così la terza dimensione, dando vita al primo solido percettibile alla coscienza, una piramide triangolare. Le direzioni da esso generate saranno quattro come lo stesso principio esprime. Quattro sono le direzioni di ciascuna faccia del solido, la piramide triangolare, con cui è formato. Suo simbolo grafico è la figura della piramide triangolare che possiede quattro direzioni spaziali indicate dalle quattro superfici.

Il Cinque COGNIZIONE

Con il cinque abbiamo la regolazione geometrica della forma solida, aggiungiamo una unità esterna alla piramide triangolare, e per espansione avremo una piramide quadrata, adesso con cinque superfici le cui forme sono quattro triangoli ed un quadrato, per un totale di cinque punti nella tridimensionalità. Le direzioni spaziali del fulcro immaginario al centro della piramide sono cinque come lo stesso principio esprime. La sua rappresentazione grafica è la piramide regolare.

Il Sei   DISPOSIZIONE

Con il Sei aggiungiamo una operazione che è quella della somma, unificando sei piramidi quadrate i cui vertici di ciascuna confluiscono in un unico punto in cui si ottiene un cubo. Qui con il Sei si esprime tutta la possibilità spaziale nella sfera tridimensionale, le Sei facce del cubo indicano le Sei coordinate spaziali. Rappresentazione grafica del Sei è il Cubo contenitore perfetto dello spazio.

Il Sette   ESPRESSIONE

Con il Sette focalizziamo l'attenzione al centro del cubo con la presenza permanente del punto di intersezione delle sei piramidi regolari. Il punto al centro del cubo è la determinazione delle Sei coordinate spaziali che sussistono grazie alla presenza del settimo punto sommatorio all'evoluzione della creazione. Rappresentazione grafica del Sette è il cubo con un punto al centro.

L'Otto   COMPLETAMENTO

Con l'Otto operiamo la nuova aggiunta in movimento dell'unità originaria sotto forma di una bolla in espansione dal punto fulcro del Sette al centro del cubo. Da esso con questa espansione si ottiene una sfera perfetta, che si propaga in tutte e sei le direzioni dello spazio definite dal cubo, la propagazione terminerà fino a far coincidere l'estremità del cubo con la superficie della sfera. La sua rappresentazione grafica è una sfera contenente un cubo.

Il Nove   LIBERAZIONE

Con il nove operiamo l'aggiunta di una unità sotto forma di punto e collochiamo il medesimo all'esterno degli Otto punti del cubo. Con esso daremo la direzionalità dell'espansione della creazione, per questo il Nove è il termine decisionale che esaurisce il processo di espansione della superficie della sfera dell'Otto. Il Nove è la risultante degli Otto punti del cubo più un punto giacente sulla sfera che ne direziona l'evoluzione. La rappresentazione grafica è la sfera con un punto sulla sua superficie, luogo di scelta determinata di espansione evolutiva.

Il Dieci   GENERAZIONE

Con il Dieci operiamo una proiezione dell'Uno iniziale con un punto esterno alla sfera collocato nello spazio esterno alla superficie della medesima, e si ottiene un punto fuori dalla sfera che graficamente si avvicina molto alla sua rappresentazione scritta con l'Uno e lo Zero accostati tra loro. La dinamica che intercorre in questo processo finale vede la nuova creazione completa della genesi dallo Zero al Dieci, in cui il Dieci stesso diviene Zero ed incubatore dell'Uno, proiettando con sé la memoria evolutiva per una nuova entità individuale, un nuovo universo o e una nuova vita, direzionata da esso stesso come 10, in proiezione ad infinutum nello spazio esterno. Da qui la funzione dello Zero, uguale a quella del Dieci, in cui in matematica lo Zero è il contenitore, la cui proiezione esterna da sé contiene interiormente la volontà dell'Uno come replicatore delle dieci qualità numeriche della creazione.

1 un punto.
2 due punti una linea.
3 tre punti tre linee una forma il, triangolo.
4 quattro punti, un triangolo un punto, un solido una piramide triangolare, quattro facce.
5 cinque punti un solido la piramide, un punto una piramide quadrata cinque facce
6 piramidi quadrate, un cubo sei facce.
7 un cubo più un punto nel centro sei direzioni un fulcro.
8 il fulcro in espansione per tutte e sei le direzioni del cubo generando la sfera.
9 otto punti il cubo nella sfera più un punto esterno sulla superficie della sfera
10 un punto esterno alla sfera che determina l'espansione del fulcro tridimensionale in una nuova sfera creativa autonoma di materia vita stella o pensiero.

Le Origini del Cosmo

L'idea Precosmica dell'Universo

Tutto origina dall'Idea, essa ha la forma dello spazio e le caratteristiche della quiete. Questa idea sussiste di per se al di fuori delle dimensioni spazio tempo, preesiste all'Universo di tutte le realtà. Sua prerogativa è l'immanenza che origina il moto nell'espressione creativa dell'Universo. L' Idea Precosmica è eterna e non generata, per il suo stato non ha senso alcuno parlare di nascita o morte, inizio o fine, ma semplicemente rimane di per se stessa. La sua azione non azione poiché Idea non in moto, per l'assenza della dimensione spazio-tempo, e Idea immanente e ferma su se stessa, atemporale ed aspaziale, con il suo semplice restare genera sacralmente l'impulso per il manifestarsi graduato delle Sette onde susseguenti della Creazione, disvelando il suo proposito dall'immanifesto al manifesto, fino al nostro universo, quello fisico, il più denso di tutti gli universi nonché il migliore dei mondi possibili, tutto questo regolato secondo una concezione di giustizia naturale. La permanenza dell'Ideazione Precosmica suscita ciò che sul pianeta terra è conosciuto come "L'Universo", questo nome racchiude in se tutte le energie che anelano a quell'idea conosciuta col nome "Dio" in tutte le religioni e tutte le forme di spiritualità dalle più antiche a quelle moderne, e tutte le filosofie e correnti di pensiero idealistiche che anelano ad una concezione del Bene sono catalizzate anch'esse in questo sacro nome manifestato come: "L' UNIVERSO". Ogni preghiera, ogni idea, ogni storia, ogni vita dalla più piccola a quelle planetarie, tutte confluiscono nell'Ideazione Precosmica immanente dell'Universo. Il Cosmo come lo conosciamo è l'ultimo risultato di un processo di ideazione naturale da cui tutto scaturisce per il principio di immanenza. Se ci chiediamo in ultima analisi quale e dove sia l'origine del cosmo, queste domande posso trovare una risposta esaustiva per massima coerenza interna nel sacro nome del "UNIVERSO" quale ideazione precosmica. Una sensazione di quiete ed ubiquità sono la risposta al nostro quesito primordiale.

La Formazione Settenaria dell' Universo

Nell'Universo è impresso da una qualità formale settenaria, essa si dipana dal suo   punto di origine al punto più distante con il susseguirsi dell'opera alchemica da   parte dei sette universi in evoluzione e rigenerazione costante. Il motivo della sua   forma settenaria risiede in una ragione occulta che trova espressione nell'operazione matematico numerologica. Se il processo di evoluzione vede lo   sviluppo dall'Uno al molteplice ecco che nella base della sequenza dei numeri naturali si scorge la motivazione di tale qualità settenaria. Eseguiamo una operazione estremamente semplice quanto incontrovertibile. Se sommiamo la   sequenza numerica dal'1 in avanti avremo $1+2+3+4 - 10$ questa è la prima sequenza sommatoria che raggiunge come risultato il 10 cioè l'ultimo numero della creazione   compiuta, se riduciamo il $10 = 1+0 = 1$, abbiamo l'uno che ci rimanda all'unita primigenia. Possiamo affermare che per la creazione tutta è sufficiente la Tetraktis pitagorica, cioè $1+2+3+4=10=1$. Pitagora ha ragione ma questa operazione non è la più alta numericamente nella sequenza dei numeri naturali. La più alta e unica   sommatoria che restituisce il numero 10 e quindi per riduzione l'1 l'unità, per cui   dall'Uno al molteplice, è l'operazione $1+2+3+4+5+6+7 = 28$ $2+8 = 10 = 1$. Cioè il   Settenario. Sette è la cifra naturale più alta per ottenere la massima pluralità e   quindi molteplicità nell'unità. Una operazione numerologica estremamente semplice che non lascia dubbi a riguardo, se ci chiediamo qual è la massima   espressione di molteplicità nell'unità, che è presente come qualità oggettiva   nell'Universo, questa è racchiusa nel segreto del Sette.

Superfluo in questa sede elencare le innumerevoli analogie deboli e forti presenti   nella vita e nella storia del nostro mondo con il numero Sette. Sarà immediato   associare ed accettare con estrema naturalezza il Sette, come qualificatore dell'universo tutto.

La costruzione del migliore dei mondi possibile

Grazie a questa alchimia naturale la forma dell' Universo si manifesta ed ecco   generare i Sette Piani di esistenza in cui dimorano le vite celesti e quelle terrene.   Avremo in questo modo i Sette Piani dell'Universo dal più alto a quello più basso, e sono rispettivamente: Il Atmosfera Divina, Atmosfera Monadica, Atmosfera   Spirituale, Atmosfera Causale, Atmosfera Mentale, Atmosfera Astrale, Atmosfera   Fisica. Questi sette piani di esistenza sono interconnessi fra di loro grazie ai   sottopiani invisibili che risiedono nei rispettivi piani. Questi sottopiani fanno da coagulanti per le energie emanate dall'Universo. Nel nostro piano dell' atmosfera   fisica, le energie invisibili ad esempio sono quelle degli spiriti di natura e quelle   degli angeli. Una sempre e maggiore raffinazione avviene dalle sfere celesti   superiori a quelle inferiori. Nel laboratorio alchemico che è il nostro universo fisico,   assistiamo all'evolversi delle coscienze in un continuum cangiante di rigenerazione dei principi emanati dalla gerarchia celeste fino giù alle nostre vite. Questa   maestosa opera di grande alchimia naturale converge in un unico scopo sublime che è quello di generare il Migliore dei Mondi Possibili. Da qui gli emissari naturali operano in simbiosi con la gerarchia delle potenze per definire il lavoro alchemico   di costruzione, conservazione, distruzione, della sublime volontà trasformatrice dell'Universo. Il risultato di tutte le azioni, visibili ed invisibili che permeano il   tessuto della vita nell'Universo fisico, sono la rappresentazione di quella che può   essere definita come la Naturale Giustizia per questo mondo, e di riflesso Giustizia   naturale anche per tutti e Sette gli Universi con le proprie vite dalle infinitesime alle più grandi. L'Atmosfera Fisica, l'ultima delle sette è anche considerata occultamente   La prima, è qui il campo in cui si conduce la battaglia per l'evoluzione della   coscienza. Nulla vi è di sbagliato in questo mondo poiché esso è il migliore dei   mondi possibili, come potrebbe essere sbagliato ciò che promana dall'Universo?.

La formazione delle Entità Cosmiche

Ciascun Atmosfera dell'universo è abitato da Entità che presiedono i lavori dell'opera alchemica, questi sono generati dalla volontà dell'Universo che li ha distribuiti secondo sua scelta nei piani inferiori al suo stato di quiete. Essi sono oggettivi quanto oggettiva è l'esistenza dell'atmosfera in cui risiedono. Questi non sono nati o evoluti secondo un processo di vita in un universo, ma semplicemente sono stati emanati in concomitanza con il manifestarsi della forma settenaria dell'Universo. Per questo le entità che risiedono ciascuno sul proprio piano di atmosfera non scelgono un proprio percorso evolutivo poiché sono semplicemente dei Principi non in evoluzione ma in esecuzione. Da qui l'apparire di quelle entità che sono conosciute in via generale, in tutte le tradizioni come le schiere angeliche, vere e proprie macchine divine al servizio inscalfibile della volontà dell'Universo. Ciascuna entità di ciascun atmosfera è al servizio di tutte le vite in evoluzione che compiono il loro cammino verso il perfezionamento. Dai tre piani mortali dell'universo a quelli immortali superiori, le vite individuali o di gruppo che permangono sono assistite dalle Entità oggettive per emanazione. Le Entità non essendo in evoluzione sussistono e si adoperano grazie al fatto di permanere con la loro identità nell'atmosfera di un universo a loro congeniale che è la risultante della proiezione esterna della qualità del principio che incarnano. I Sette piani di esistenza dell'universo sono sorretti da una vera e propria impalcatura naturale che si esprime nella gerarchia delle potenze, la quale è la rappresentante della forma dell'universo in ossequio alla volontà dell'Universo stesso.

La costruzione del nostro Universo

Parlando della nostra atmosfera fisica e quindi dell'universo che
conosciamo   ordinariamente possiamo assistere a come esso si sia
formato e con quale risultato   della volontà dell'Universo attraverso
l'operato delle gerarchie delle potenze. La   dimensione spazio-temporale
è stata emanata già dall'atmosfera mentale e quindi   essa è una
caratteristiche che riguarda i cosiddetti tre mondi, quella che i cattolici
conoscono come santissima trinità. Quindi l'atmosfera fisica,
atmosfera astrale,   atmosfera mentale sono simili per qualità e
differiscono per vibrazione. Lo spazio-   tempo ha le caratteristiche
della quiete il primo, e della forma il secondo. In questo   sacro piano
atmosferico le schiere angeliche preposte di ciascun atmosfera,
interpretano la volontà dell'Universo dando origine, sempre più
raffinata, alla   grande nebulosa cosmica del nostro cosmo. I pensieri
naturali germogliano in forme   e suoni cangianti, discutono su quale è la
migliore mossa da eseguire in armonia   con le direttive celesti, la
sinfonia delle alte sfere comincia a vibrare gli accordi della   volontà del
Cosmo, il suono primordiale è stato emesso, si replica su questa
atmosfera quello che è accaduto nelle sfere superiori, si compie il
Grande Dramma   Cosmico per la generazione dell'Universo. La
nebulosa riverbera la sua sinfonia a   tutto lo spazio circostante,
propagando dapprima il suo adagio, culminando poi   nell'esplosione
della volontà primigenia propagantesi nell'intero creato, ecco   l'infinito
spazio-tempo con le sue stelle, galassie, pianeti, lune, satelliti, ed in fine i
suoi abitanti più vari. Le gerarchie delle potenze esprimono il loro
operato   incarnandosi nelle costellazioni, impadronendosi dei pianeti e
dei loro sistemi solari, vivificando la danza cosmica fino alle vite più
brevi e microscopiche quali   quelle della razza umana su di un piccolo
pianeta chiamato Terra. Conosciuto   nell'universo come il pianeta verde,
la terra eccola adesso venire alla luce come il   risultato del grande
esperimento cosmico di questo universo, dai regni inferiori a   quelli
superiori ciascuna vita coopera in armonia con la volontà delle schiere
celesti   in accordo con la volontà dell'Universo.

La formazione dell'idea dell'uomo

Le grandi mutazioni cosmiche del nostro universo hanno raggiunto un punto culmine, adesso la loro opera ritorna per riflesso direttamente alla volontà del universo in attesa di una risposta sul come e cosa compiere adesso che l'universo è fatto. Nell'attesa di una cenno divino che faccia muovere tutta la gerarchia delle potenze in tutti i piani dell'universo, la vita adesso creata si muove nelle sue galassie e compie rivoluzioni con i suoi pianeti, e le grandi vite planetarie si adoperano nell'attesa della grande risposta. Grande è l'attesa tanto più grande è la risposta! Ecco L'Uomo! Idea grandiosa e superba della potenze cosmiche che hanno cooperato affinché tutta la volontà del Universo fosse manifesta, nulla di più grande fu fatto! L' Universo stesso si fece minuto per vedere ciò che aveva creato e cosi nacque l'Uomo, risultato di una idea celata nell'intimo del Universo, che adesso si è fatta carne ed abita tra noi. L'Uomo quale rappresentante del macrocosmo nel microcosmo, germoglio in evoluzione per partecipare alla grande avventura della Vita, grandioso portento ed onore di tutte le gerarchie delle potenze, Ecco l'Uomo! Volontà naturale della creazione. L'Uomo unico strumento che può suonare il volere dell'Universo in tutti i piani del Cosmo ed a tutte le vite senzienti. Uomo, universo naturale che permane nel suo incessante cammino di evoluzione, superbo gioco del destino, l'uomo compie il dramma dell'esistenza come le sfere celesti consumarono il dramma cosmico per la sua nascita.

Il Processo di Rinascita

Dal germoglio di minerali nobili all'albero secolare di foresta tropicale, ad un gruppo di tigri, ad un gatto domestico di casa o campagna, all'individualizzazione in una famiglia che lo crescerà fino a farlo diventare professore di letteratura in questa incarnazione. Dalla involuzione e quindi discesa nella materia fino al regno minerale per la prima incarnazione primitiva per l'inizio dell'evoluzione.

Osserviamo il processo di incarnazione della coscienza, di quello che sarà in un futuro un essere umano sviluppato appartenente al nostro grado evolutivo. Dal regno minerale osserviamo il formarsi di un germoglio di un minerale prezioso come l'argento. Esso si sviluppa e la sua coscienza comincia ad interessarsi al suo regno immediatamente superiore, quello vegetale. Poiché la coscienza che si sta sviluppando all'interno del regno minerale occupa un grado evolutivo piuttosto elevato, per la preziosità intrinseca del metallo nobile che rappresenta l'argento, questa coscienza si interesserà invece degli arbusti o cespugli volgari, preferirà alberi e piante più strutturate la cui vita è più ricca rispetto agli esemplari inferiori. Ecco allora che il germoglio argenteo nelle profondità della terra, sceglie per il suo passaggio al regno superiore un bell'abete di un bosco dell'Europa centrale. Questa coscienza in via di sviluppo gode adesso di libertà maggiori, grazie ad una vita più vasta che gli permette di entrare in contatto dinamico con il regno animale ed umano. La coscienza come Abete permette a questa vita di prodursi in dinamiche esistenziali molto maggiori, tanto che la sua vicinanza ad una baita di montagna, fa delle sue giornate un continuo ricevere impulsi di vita da parte dei frequentatori umani di quel luogo. Un abete che vive in stretto rapporto con l'uomo, riceve vibrazioni ricche di informazioni preziose per il passaggio nell'incarnazione al regno superiore. Va da sé che il contatto dell'abete con il regno animale si fa più attivo, presto detto che questa coscienza inizia a fare una cernita degli esemplari migliori in cui indirizzare la propria dipartita della prossima incarnazione. La baita di montagna è abitata da molti umani, che sono spesso accompagnati da belli esemplari di animali domestici. La coscienza individua immediatamente un cane lupo che è sovente nei paraggi e sembra avere una predilezione per l'abete che osserva imperituro lo svolgersi delle vicende umane della piccola baita di montagna. E' così che questa coscienza del germoglio argenteo, passa la sua vita nell'abete ormai vecchio ma pronto per il proprio balzo evolutivo nell'incarnarsi a primavera in un involucro animale della prima cucciolata dell'affettuoso cane lupo. I frequentatori della baita si conoscono tutti e tutti sanno che nuovi cuccioli di cane lupo sono arrivati, alcuni di essi finiranno in città presso qualche famiglia agiata. Ecco che la nostra coscienza in via di sviluppo dell'abete si incarna proprio in quel cucciolo di cane lupo destinato a vivere in città. Passano gli anni ed il cane trascorre una vita in simbiosi con i suoi padroni, è così che la coscienza appartenente ad un'unica anima gruppo di cani lupo, quella di questo esemplare, comincia a comportarsi con una maggiore autonomia, è

qui che il passaggio dal regno animale   a quello umano avviene.
Questo processo chiamato di individualizzazione avviene   per quegli
esemplari di animali vicini all'uomo che sviluppano caratteristiche di
      intelligenza ed affetto superiori al restante gruppo di animali di cui
fanno parte   inizialmente sotto un'unica grande coscienza chiamata
anima gruppo. La coscienza   del nostro germoglio argenteo, passato in
un abete di montagna, incarnatosi in un   cane lupo è pronta adesso per
il salto evolutivo più maestoso l'ingresso nel regno   umano. Ecco che
nella città in cui la coscienza del cane lupo a vissuto tutta una vita,   si
preparano molte mamme in ospedale a partorire i loro dolci figli attesi. La
      coscienza del cane lupo è ricca di esperienza ed ecco che sceglie di
incarnarsi in un involucro umano di città, una madre nel reparto ostetrico
di un ospedale, dà alla   luce un figlio ed ecco che la coscienza si
individualizza nel giovane involucro per   vivere adesso una vita più
eccelsa in piena autonomia. Ben presto la giovane   coscienza umana
cresce nell'involucro fisico sino a diventare adulta, e questa coscienza
umana adesso vede il suo esprimersi da quello che era un tempo un
      germoglio minerale, a sperimentare le gioie e i dolori delle vicende
dell'uomo moderno, incarnata oggi in un professore di letteratura con una
predilezione per i   metallo argento.

Il passaggio della coscienza che abbiamo assistito procedere dal minerale
all'umano è da considerarsi del tutto esemplificativa, quello a cui abbiamo
assistito è il passaggio diretto di una coscienza ai regni di vita superiori,
raramente il passaggio è diretto, occorrono invece molti cicli di
incarnazione della medesima coscienza nello stesso regno naturale, quella
che abbiamo tracciato è una via esemplare che può succedere per questioni
evolutive ad esseri particolarmente eccelsi e che occupano un posto
privilegiato nello schema di evoluzione delle coscienze. Pensiamo solo a
quante incarnazioni la coscienza di un uomo deve compiere prima di
raggiungere una stato di vita sufficientemente saggia, centinaia, anche se
ne occorrono sempre meno via via che l'evoluzione avanza.
Occupiamoci dell'uomo di oggi, le coscienze si sono emancipate dai regni
inferiori, e adesso nel mondo, un numero considerevole di coscienze
individualizzate, esistono pronte per incarnarsi. Le incarnazioni delle
coscienze fanno parte di onde di vita provenienti dall'Universo che
gradatamente si susseguono dai regni inferiori ai regni superiori. Si avrà
così anche oggi l'incarnazione di minerali in vegetali, vegetali in animali,

animali in uomini, e uomini in uomini. Anche se la meta per l'uomo è per il momento assegnata ad una vita da uomo più nobile di quella attuale. Non è ancora diffuso il senso per una vita nobile degna di essere vissuta dall'uomo stesso nel suo processo di crescita. Solo alcune tenui indicazioni per questa vita nobile sono state trasmesse da maestri e discepoli nel corso delle ere, eppure l'uomo di oggi non ha ben chiaro come potrebbe essere la vita migliorata sotto l'aspetto interiore, giacché un ragionevole progresso per la qualità della vita fisica è stato compiuto. Ecco allora parlare di incarnazione dell'uomo nell'uomo, per il semplice fatto che l'uomo vero è ancora lontano da raggiungere, solo con la prossima razza si darà inizio ad un lavoro consapevole e occulto di perfezionamento della razza. Una idea di meta evolutiva dell'uomo è quella di passare dal regno umano a quello angelico. Tuttavia questo obbiettivo può coincidere nella stessa forma di vita dell'uomo con una qualità interiore della coscienza differente, certamente assai più progredita. Questo potrebbe essere il nuovo regno sulla terra, quello occupato da una razza umana rinnovata tanto da assumere caratteristiche angeliche pur rimanendo simile a se stessa.

ANTROPOGENESI

Coscienza, l'incontro tra Vita e Forma

Tutto è Coscienza, dalla più minuscola forma alle vite planetarie ogni cosa è una coscienza in evoluzione in una coscienza ancora maggiore. Il Cosmo ha l'espressione di una immensa coscienza-forza che pervade ogni angolo della   Universo. Un granello di sabbia poiché ha una sua forma, quella forma contiene   anche la vita, una vita certamente minerale ma pur sempre vita. E'   nell'incommensurabile incontro fra Vita e Forma che ha luogo la Coscienza. La vita,   come espressione di una forza che qualifica la forma in cui dimora, da origine,   all'oggetto in questione, alla permeabilità come stato coscienziale, cioè l'essere in   vita coscientemente. Per quanto bizzarro può apparire oggi affermare che un sasso   ha una sua coscienza, allora forse possiamo permetterci di affermare che anche una   bicicletta ed una automobile possiedono una loro coscienza propria. Tracce di   questa visione permangono in alcune razze tribali che hanno una concezione del   mondo omnipervasiva e che tutto è vivo! Cosi nel mondo esistono coscienze   materiali e coscienze di natura ideale. Alcuni dei principi che fondano la nostra   civiltà sono delle entità del tutto autonome e godono di vita propria. La grande   coscienza del Mondo si esprime con Sette qualità ben distinte fra loro che   pervadono tutti gli esseri senzienti dell'universo. Sempre per il principio numerologico del Settenario anche l'Universo conferma questa regola occulta, ed   esprime così il suo operato attraverso 7 qualità cardinali così suddivise: Le prime tre sono definite di Aspetto e sono: Luce – Amore – Potere, le altre quattro sono   definite di Attributo e sono: Armonia – Scienza – Devozione – Cerimoniale. Queste   sette caratteristiche dell'Universo qualificano la vita in tutta l'esistenza del Mondo.   Ogni uomo è qualificato per mezzo di una di queste qualità. Ogni coscienza che è il   risultato dell'incontro fra Vita e Forma, si comporta nel mondo per mezzo di   dinamiche simili tra loro ma differenti per scopo. Ogni coscienza si comporterà   tanto quanto le sarà concesso di manifestare nel suo arco di esistenza nella   creazione. Dal sasso che potrà un giorno rotolare giù fino a valle, allo sbocciare dei   fiori a primavera, alle pecore che brucano l'erba, al gatto che ci tiene compagnia e   che a volte quando lo si guarda sembra che ci giudichi? La risposta è affermativa   tutto vive in armonia con le sfere celesti e ciascuna coscienza è degna di rispetto per   il proprio grado di appartenenza sulla scala evolutiva, il motto che più ci fa   comprendere il manifestarsi delle coscienze nel mondo è: Tutto Vive!

Dall'atomo all' Uomo, lo sviluppo della vita sul pianeta Terra

Dalla nebulosa cosmica un coacervo di materia comincia ad organizzarsi secondo la   legge di simpatia. I primi ammassi stellari si formano, le comete iniziano il loro   viaggio di inseminazione portando la vita sui globi ancora spenti e privi di attività.   Interi sistemi stellari si formano, galassie vicine e lontane cominciano la loro danza cosmica. In una di queste piccole galassie ancora giovani ecco germogliare la vita su un piccolo pianeta del nostro sistema solare, il pianeta terra. I quattro elementi; terra, aria, acqua, fuoco iniziano il loro gioco e insieme ai costruttori minori ecco sorgere dal regno minerale, il regno vegetale, il regno animale fino alla prima dinastia di uomini. Prendiamo ad esempio questo processo nel suo dettaglio e seguiamo la nascita della vita attraverso i regni di natura. Il magma della crosta terrestre si muove con la sua inesorabile forza. Il raffreddamento di queste masse magmatiche costituiscono la crosta terrestre. Gli oceani levigano le sponde delle coste, onde potenti si scontrano con il fuoco dei vulcani. Questo è quello che accade sulla superficie. La terra non ha fretta e i suoi ritmi seguono dinamiche stellari. Al suo interno germogliano in milioni di anni concrezioni minerali dall'inestimabile valore. Cuori di pietra prendono forma nei diamanti e nelle miriadi di pietre preziose conosciute fino ad oggi. Un giacimento di oro, o di diamanti sono quella che si può definire come l'intelligenza del regno minerale. E' da qui che partono vibrazioni continue di forme pensiero dinamiche che vanno ad emergere sulla superficie e a comunicare con le venature delle foglie dei primi vegetali che occupano la giovane crosta terrestre. Questo linguaggio segreto fatto di onde vibrazionali serve ad un unico grande disegno cosmico che è quello di creare il regno umano. Ecco allora che le piante con i loro fiori si preparano ad interagire con i primi rudimentali animali quali gli insetti. Dal cuore della terra giacimenti minerali comunicano ai vegetali le loro forme pensiero in accordo con le volontà cosmiche. Come dono al regno animale che deve sorgere, il regno minerale offre lo scheletro dove ogni essere potrà sorreggere il proprio corpo, il regno vegetale per canto suo offre tutti i tessuti e le venature ed in fine la pelle come abito del corpo dell'uomo. All'apparire dei primi insetti ecco un acceso dibattito di come devono essere i nuovi abitanti della terra, con le loro piccole antenne comunicano le loro forme pensiero che vanno a modellare gli animali superiori. Adesso il regno minerale, vegetale e i primi rappresentanti del regno animale partecipano alla grande orchestra sinfonica per la costruzione dell'ultimo e il più onorato di tutte le creature terrestri, l'uomo. Ogni passaggio di un antilope nella foresta è anche motivo per gli alberi di cogliere le forme migliori per formare la sagoma del sigillo delle creature, l'uomo. Ogni smottamento di terreno offre conformazioni diverse per la vegetazione e per gli animali cosi il regno minerale parla con gli altri regni, preoccupandosi di offrire un atmosfera favorevole per la dimora dell'uomo. Dal cuore della terra una gemma di diamanti emette la sua vibrazione, presto il messaggio arriva alle piante, fra di loro ecco con premura informare gli alberi più anziani, quest'ultimi depositari della saggezza cosmica emettono le loro forme pensiero agli animali che sempre balzano e si nascondono tra i loro rami, e cercano riparo dal sole alla loro immensa ombra. Un antilope si accovaccia ai piedi dell'albero più anziano, si addormenta e quando si sveglia nella sua mente ecco dispiegarsi tutto il disegno cosmico per il nuovo rappresentante terrestre, l'Uomo. Le forme pensiero di tutti i regni di natura hanno emesso la loro sentenza, ed esclamano all'unisono; ecco l'uomo!. Abbiamo trovato la forma, egli sarà eretto su due gambe, sarà la forma più graziosa del pianeta e tutti lo rispetteranno. Un nuovo regno della natura è sorto, il regno umano, confluenza finale della volontà dell'Universo, nonché veicolo per le coscienze celesti che scelgono di incarnarsi per servire l' Atmosfera divina nella sua evoluzione perenne.

I Tre Centri dell' Uomo: l'Essere, la Personalità e il Fisico

L' Essere

L'Essere è l'organo spirituale primario dell'uomo, qui si concentra l'essenza di quello che chiamiamo essere umano. Questo Organo è costituito da tre parti, che sono: La Coscienza, L'Anima e l'Ego. Esistono per l'uomo Sette diversi tipi di coscienze che in linea generale danno luogo a sette tipologie di classi spirituali e ciascuno rientra in una di queste, che colorano in qualche misura la qualità del percorso evolutivo di ciascuno di noi.

La Coscienza ed i suoi sette gradi Iniziatici

Prendiamo la parte più alta dell'Essere, la Coscienza, questa è il nucleo fondante di quello che chiamiamo uomo, è qui che l'essenza di quello che percepiamo essere il noi stessi, si deposita in questo nucleo dell'Essere. E' la Coscienza che distingue un essere da un altro secondo i gradi di appartenenza di ciascuna vita in evoluzione. Si avranno cosi varie coscienze da quelle minerali, vegetali, animali, umane e su fino ai livelli ideali. La Coscienza è la matrice della percezione della vita nella forma, che ha caratteristiche e funzionalità evolutive ben determinate, quando in un percorso evolutivo si avverte un cambiamento di qualità di percezione della vita si è incorsi in una iniziazione spirituale dell'Essere, quando si parla di cambiamento di stato di coscienza significa che l'uomo in corso di evoluzione sperimenta il passaggio da un grado iniziatico superiore a quello precedente. Ciò che dell'uomo in definitiva evolve veramente è la Coscienza. Essa riconosce il cammino evolutivo conosciuto da chi ha intrapreso la via del apprendistato, che è scandito da tappe ben precise ove la Coscienza può evolvere in accordo con le leggi del Logos. I passaggi evolutivi per l'essere umano sono sette; Uomo ordinario, Probando, Apprendista, Maestro, Iniziato, Adepto, Avatar. La Coscienza segna i confini della libertà d'azione dell'essere in esistenza, entro questi confini si gode della percezione di libertà, che non è altro che l'adempimento del compito e l'espressione del Dharma amministrato dalla coscienza per mezzo dell'uso delle altre parti dell'organo dell'Essere, cioè l'Anima e l'Ego.

Io Sono (Prima Coscienza singolare), Neofita (primo grado iniziatico)

La coscienza di un essere nella fase di Neofita gode della più totale oscurità nei confronti di ciò che in un grado più avanzato vengono ritenute le richieste interiori e l'affacciarsi dei quesiti dell'anima, tuttavia egli contiene il suo germoglio spirituale pronto per schiudersi al cammino iniziatico, quando Egli sarà pronto si muoverà verso la ricerca interiore

Con questa affermazione nasce la coscienza. "Io Sono" è la sintesi della percezione che abbiamo di noi stessi come esseri in esistenza. La comprensione di avere una coscienza e di essere qualche cosa al di là delle forme, è forte e chiara. Il mondo ci appare perché "Io Sono", avvertiamo che la mancanza di questa affermazione ci lascerebbe in balia delle forze cosmiche senza esserne partecipi, la nostra identità primaria svanirebbe. Grazie all'affermazione "Io Sono" definiamo anche la nostra unicità nell'universo molteplice. La coscienza esiste ed è una con quello che sono di me stesso. Raggiunto questo stadio di "io sono" siamo nati come coscienza ed essere unici, siamo cioè titolati all'esistenza della vita. L'essere si riferisce a se stesso come compimento di un percorso immanifesto, affermando la propria volontà ad esistere ed a sussistere nell'oceano di vita. "Io Sono" è la prima condizione irrinunciabile per l'affermazione del proprio essere nel mondo. "Io Sono" è la Prima Coscienza Singolare.

Tu Sei (Seconda Coscienza singolare), Probando (secondo grado iniziatico)

La coscienza del probando segna l'individuo ai suoi primi passi di un percorso di ricerca interiore, ponendolo sulla strada della prova per verificare quanto egli sia effettivamente pronto o desideri fermamente il cammino iniziatico dell'apprendistato.

Con l'affermazione "Tu Sei", la coscienza compie il primo passo all'esterno da essa, se prima con l'"Io Sono" affermava se stessa in maniera univoca adesso si espande all'esterno mantenendo pur sempre la sua caratteristica di autoaffermazione , e con il "Tu Sei" la coscienza scopre l'altro da sé. Questa evoluzione permette di fare da specchio e confronto con il riconoscimento dell'esistenza di un'altra coscienza fuori da se. Nasce la polarità che conferma la propria unicità, la coscienza se prima si percepiva adesso si vede nell'altro affermando "Tu Sei". Il

Passaggio della coscienza in questa seconda fase afferma: "Io Sono...tu Sei" Affermando l'io sono ed esprimendo il tu sei comporta allora che io sono perché tu sei, cioè grazie al riconoscimento di te, cioè dell'altro, allora posso affermare che anche io sono. La coscienza riconosce una coscienza fuori da se ed in questa ha la prova per così dire della propria esistenza. "Tu Sei" è la Seconda Coscienza Singolare

Egli è (Terza Coscienza singolare), Apprendista (terzo grado iniziatico)

La coscienza dell'Apprendista comincia a strutturarsi per accogliere la richieste intime dell'essere, ed Egli ha già preso la decisione di affrontare il cammino dell'apprendistato, ormai convinto della sua scelta interiore dettata dal bisogno di conoscenza che gli è giunto.

Con l'affermazione "Egli è", la coscienza compie il secondo passo all'esterno di se stessa. Percepita e vista nella fase "Tu sei", con "Egli è" la coscienza si accorge che esiste un'altra coscienza indipendente dalla sua percezione singolare e duale. Se prima con il tu sei ha avuto la prova di esistere come coscienza, adesso con l' Egli è ammette l'esistenza di una molteplicità di coscienza esterna da se. Qui si afferma l'esistenza del vero altro da sé non legato da un rapporto di confronto come nel tu sei, ma come "Egli è", esistente esterno ed indipendente da se stessi. Il passaggio della coscienza in questa terza fase afferma:"Io sono... tu Sei... Egli è". La coscienza riconosce il molteplice con l'esistenza di un altro io sono indipendente dalla relazione reciproca io sono - tu sei. "Egli è" è la Terza Coscienza Singolare.

Noi Siamo (Prima Coscienza plurale), Maestro (quarto grado iniziatico)

La coscienza del Maestro adesso invece ha la forma completa di ciò che lo aspetta per essere sulla via dell'iniziazione, prende così tutte le responsabilità della via dell'apprendistato cominciando ad essere egli stesso agente del cammino iniziatico.

Con l'affermazione "Noi Siamo", la coscienza riconosce la pluralità dell'esistenza, nelle proprie unicità separate da se stessa con le prime tre persone singolari, io sono, tu sei egli è. Quello che compie in questa fase la coscienza, e di unificare queste singolarità plurime affermando un'appartenenza superiore unitaria di gruppo con il "Noi Siamo". La percezione, di appartenere tutti ad una unicità primordiale che risiedeva nella prima affermazione con l'io sono, qui si manifesta come appartenenza non più solitaria ma di gruppo nella pluralità delle coscienze. Il passaggio della coscienza in questa quarta fase afferma "io sono... tu sei... egli è... noi siamo"

La coscienza riconosce la pluralità sussistente all'infuori di se stessa, la singolarità perduta delle prime tre persone singolari io sono, tu sei, egli è, viene qui sublimata con l'unitarietà del "noi siamo". "Noi Siamo" è la prima Coscienza Plurale

Voi Siete (Seconda Coscienza plurale), Iniziato (quinto grado iniziatico)

La coscienza dell'Iniziato ha accesso alle sfere piu intime del percorso iniziatico, ed egli può iniziare a comunicare direttive ai maestri per meglio direzionare le intenzioni del percorso evolutivo da compiere.

Con l'affermazione "Voi Siete", la coscienza riconosce una molteplicità all'infuori del proprio gruppo coscienziale. Scopre che l'unitarietà di gruppo del noi siamo esiste anche all'infuori del noi, quindi la coscienza in questa fase ammette il voi siete come specchio della propria appartenenza riconoscendosi nel confronto come gruppo unito di coscienza con un altro gruppo unito di coscienza esterno da sé. Come avviene nel tu sei in maniera singolare, qui il processo è plurale, di gruppo. La coscienza afferma la propria identità di gruppo rispecchiandosi nel gruppo altro da sé. Il passaggio della coscienza in questa quinta fase afferma" io sono... tu sei... egli è... noi siamo... voi siete". "Voi Siete" è la Seconda Coscienza Plurale.

Essi Sono (Terza Coscienza plurale), Adepto (sesto grado iniziatico)

La coscienza dell'adepto segna un passaggio di piena autonomia in seno al percorso evolutivo, egli ha raggiunto una fase in cui può scegliere di impartire ordini ai maestri oppure decidere semplicemente di partecipare all'evoluzione con la sua presenza.

Con L'affermazione "Essi Sono", la coscienza riconosce l'esistenza di una pluralità di coscienze di gruppo che sussistono all'infuori del proprio noi e voi di appartenenza. Con l'Essi Sono la coscienza opera un distaccamento dalla relazione di reciprocità esistente nel noi-voi ed afferma la propria esistenza come gruppo all'infuori dell'altro da noi, accogliendo il molteplice nella pluralità dell'universo. Il passaggio della coscienza in questa sesta fase afferma"io sono... tu sei... egli è... noi siamo... voi siete... essi sono". "Essi Sono" è la Terza Coscienza Plurale.

Io Sono Quello (Unica Coscienza Molteplice), Avatar (settimo grado iniziatico)

La coscienza dell'Avatar raggiunge la sua apoteosi del cammino iniziatico, egli ha   raggiunto la meta ed è per questo che può esimersi dall'operare tecnicamente sul   percorso dell'evoluzione giacché egli rappresenta l'evoluzione stessa   accondiscendendone il piano semplicemente essendo quello che è.
Con l'affermazione "io Sono Quello", la coscienza evolve in uno stato di sussistenza onnicomprensivo che fa della singolarità dell'io sono, parte integrante di tutte le altre coscienze esistenti con l'essi sono. Questo processo di identificazione fa comprendere alla coscienza che ella vive grazie anche all'esistenza delle altre coscienze fuori da sé, sia singole che di gruppo. In questa settima ed ultima fase la coscienza afferma la seguente proiezione di se stessa dal principio alla fine"io sono Io, io sono...Tu, io sono... Egli, io sono... Noi, io sono... Voi, io sono... Essi". "Io Sono Quello" è la singolarità della coscienza che esprime la propria molteplicità nell' universo. Questa affermazione esprime l'assunto che ogni singola coscienza è in rapporto con il tutto, ogni singola coscienza è parte integrante della Grande Coscienza. "Io sono Quello" è l'Unica Coscienza Molteplice ad affermare il principio di Individualità.

L' ANIMA

Il secondo organo del centro dell'Essere è l'Anima, questa è l'archivio permanente del nostro essere, qui sono depositati tutti i resoconti delle vite passate poichè quello che viene chiamato atomo permanente quivi risiede. E' il luogo del vero uomo, in cui il processo di individualizzazione avviene e da quel momento l'uomo come lo conosciamo inizia a vivere. Questa è la dimora dell'uomo immortale, che si reincarna nei mondi inferiori ciclicamente per sperimentare e fare esperienza di vita. Nell'anima sono scritti i nostri talenti e i nostri debiti karmici, quando ci rivolgiamo all'intimo di noi stessi, parliamo all'Anima, e se la Coscienza è il dispositivo con cui percepiamo e vediamo la storia della nostra vita, l'Anima è depositaria in maniera dinamica della storia che insceniamo ogni volta che ci incarniamo. L'Anima è il cuore del nostro Essere, le qualità che si concentrano danno origine a quella che chiamiamo vocazione, ed ogni incarnazione ne ha almeno una, che l' Essere in vita deve scoprire e perseguire. Se la coscienza risponde alle iniziazioni, l'Anima risponde agli istinti naturali, che formano gli skill i talenti le capacità innate o di facile acquisizione. Questi istinti sono dieci; conservazione, distruzione, creazione, unione, appartenenza, autoaffermazione, soccorso, previdenza, conoscenza. Sarà proprio la somma degli istinti naturali che ci guideranno nella vita poiché l'istinto conosce ciò di cui abbiamo bisogno in relazione ai nostri talenti e alla nostra storia passata ove il karma viene pareggiato.

I Nuclei Strutturali dell'Anima

Avere: Avere inteso come dinamica del possesso e come dispositivo di crescita interiore ed esteriore.

Credere: Credere inteso come strumento per determinare le vicende della vita e le nostre idee.

Decidere: Decidere inteso come dispositivo di scelta che ci permette di muoverci nella vita.

Dire: Dire inteso come mezzo per esprimere la nostra personalità ed affermare le nostre opinioni.

Essere: Essere inteso come forma permanente della nostra dignità interiore.

Fare: Fare inteso come strumento propulsivo che appaga le richieste intime della nostra anima.

Volere: Volere inteso come mezzo per ottenere le cose a cui teniamo di più e ci siamo promessi di ottenere.

Potere: Potere inteso come dispositivo di possibilità di fare o essere nella vita.

Sapere: Sapere inteso come mezzo per raggiungere gli scopi interiori ed esteriori nella nostra vita.

Vivere: Vivere inteso come principio ed imperativo categorico che ci permette di esistere.

L' EGO

La parte più bassa dell'organo dell'Essere è l'Ego. Esso è un motore che risponde a leggi ben determinate e funziona come propulsore della nostra storia personale di incarnazione in incarnazione. Quando l'Ego esaurisce la sua energia, la vita dell'uomo si interrompe, facendo seguito alla prossima incarnazione. Come ogni motore bisogna saperlo controllare, tuttavia senza il motore l'automobile non potrebbe viaggiare. L'Ego è il dispositivo automatico della vita, esso sa sempre quello che deve fare per far scorrere la vita di ciascuno di noi. E' quella parte di noi nella quale ci identifichiamo per i nostri obbiettivi e i nostri piani di vita, e quando la nostra Anima li propone all'Ego, esso mette in moto il suo meccanismo per concretizzare la richiesta dell'Anima che conosce bene la nostra storia e i nostri talenti. Tuttavia l'Ego risponde alla legge di auto affermazione, e se questa non coincide con il proposito dell'Anima si crea un conflitto, questo conflitto si ripercuote nel secondo Centro Organico dell'individuo che è quello della Personalità. Il conflitto di per sé non è negativo, è semplicemente un dispositivo per la crescita del nostro essere in vita. Senza l'Ego non potremmo agire nel mondo sia spiritualmente e materialmente, da qui la necessità di governare l'Ego attraverso il buon funzionamento della Personalità. L'Ego è il dispositivo che conosce meglio il territorio e il tempo in cui l'essere è incarnato, per cui la possibilità di comprendere le esigenze dell'Ego, permette alle richieste dell'Anima di essere soddisfatte nel miglior dei modi. Tuttavia l'ego di base si accorda ad un livello di funzionamento che è la vita media dell'uomo del momento storico del mondo, per cui l'Ego è conservativo, ecco i conflitti che si ripercuoteranno nella personalità, qualora la Coscienza abbia gia dato l'impulso per l'avanzamento evolutivo dell'intero Essere. L'Ego è un propulsore, e per mezzo della Personalità suo organo direttamente interessato, si deve imparare a farne buon uso ed a utilizzarlo nella maniera più armonica possibile

I 7 Dispositivi dell'Ego : Trasformazione, Trasfigurazione, Sublimazione, Stabilizzazione, Variazione, Modificazione, Condensazione.

La Personalità

La Personalità è il secondo organo spirituale anch'esso suddiviso in tre nuclei, L'Intelletto, il Sentimento, la Volontà. Questi compongono l'intero organo che determinerà il come vivremo la nostra storia personale, in relazione alle attitudini acquisite. In accordo con le richieste dell'Essere, la personalità sviluppa quelli che conosciamo come il carattere e il tipo psicologico di appartenenza. Esistono dieci tipi psicologici che danno forma alla personalità e sono quelli contenuti nel decagramma, ciascuno di noi come appartiene ad una delle sette classi spirituali dell'Essere, qui appartiene ad uno dei dieci tipi psicologici della personalità. La personalità nel suo insieme è lo strumento con cui possiamo dare forma al nostro vissuto ed è il filtro attraverso cui interpreteremo il nostro ruolo nell'incarnazione. La Personalità dialoga direttamente con la parte più bassa dell'essere che è l'Ego, da qui la necessità di allineare i tre centri della Personalità, l'Intelletto, il sentimento, la volontà, per utilizzare l'Ego ed assecondare le richieste più intime del nostro Essere provenienti dall'impulso iniziale della Coscienza e le richieste interiori dell'Anima.

INTELLETTO
L'Intelletto è il centro della personalità che elabora il vissuto mentale dell'uomo, le cui funzioni sono la logica e l'analogica, nonché tutte le operazioni razionali ordinarie che utilizziamo quotidianamente. Questo centro ci permette di elaborare stati mentali astratti e di proiettare nel futuro e nel passato oltre che nel presente, la nostra attenzione della vita.

I 7 momenti di sviluppo culturale

Elixirial: L'elixirial è un momento delle nostre sensazioni culturali che ci permette   di raffreddare eventuali momenti di stress con una risata una battuta o   semplicemente con una buona riuscita di un impresa, una notizia confortane che ci aspettavamo, restituendo sul volto un senso di gioia e rassicurazione che giovano   alla nostra salute in maniera predominante. Senza questa sensazione Elixirial la vita   si sciuperebbe in poco tempo e la nostra salute non ne gioverebbe. Questo momento   culturale da vivere in compagnia o indirettamente attraverso i media è di fondamentale importanza per il buon equilibrio ed armonia della nostra persona.

Fisiological: Il Fisological è un momento culturale che ci permette di prenderci cura in maniera ecologica della nostra vita e dei nostri averi, nonche ci stimola ad avere   un comportamento eco sociale ed uno stile di vita destinato alla salvaguardia   dell'uomo e del suo pianeta. E' un momento culturale predominante perché verte   sugli aspetti materiali della vita influenzandone però anche la coscienza in un ottica   fisiologica ed ecologica.

Emotional: L'emotional è un momento culturale che permea tutto il nostro vissuto della sfera emotiva e psicologica, questo momento stimola tutti gli affetti con   persone e cose, situazioni ed ambienti, e ci spinge ad un confronto emotivo con il nostro vissuto. Parte importante sono la stima ed il riconoscimento da parte degli altri per quello che siamo e che facciamo. Un momento di scambio delle affinità ed   affettività estremamente utile al nostro vissuto interiore ed individuale ed anche   alla vita sociale che conduciamo.

Filosofical: Il Filosofical è un momento culturale importante per il nostro bagaglio di conoscenza, soprattutto perché stimola dei quesiti di portata fondamentale sulla   nostra esistenza e sul senso della nostra vita. E' un momento di elevazione morale   ed etico che permette all'isitinto di conoscenza di ponderare ciò di cui sentiamo il bisogno e di chiarire in maniera logica e razionale la nostra esistenza.

Spiritual: E' un momento culturale molto importante che ci slega dagli schemi   culturali tradizionali donandoci un senso surreale e fantastico molto positivo per la   nostra libertà e creatività dal sapore New Age come movimento di liberazione dalle   vecchie forme mentis e ci propone di ritrovare una nuova spiritualità innata nell'uomo che risale agli albori della società umana ed è ciò che di più intimo   l'uomo possa desiderare nel suo momento culturale spirituale.

Civilian: Civilian è un momento culturale molto importante per la vita pubblica e   sociale, questo momento ci fa riflettere sulle azioni civili di cui potremmo essere   protagonisti, non necessariamente prende parte ad attività di manifestazioni   popolari o politiche ma semplicemente attivandoci nell'indole a metterci in gioco   scegliendo di partecipare attivamente ad una attività che serva al nostro progresso   culturale e civile. Siamo stimolati in questo momento a prendere parte ad una delle   tante iniziative civili in soccorso all'uomo o alla società civile, semplicemente   aderendo con un contributo per via telematica o prenderci cura di animali abbandonati. L'importante è

intervenire attivamente nella vita civile nelle sue forme   più varie, con
il muto soccorso, ed è una specie di promessa che ciascuno di noi si
    deve fare, per acquietare la propria coscienza di fronte ai troppi orrori
della civiltà   moderna. Questo è un momento culturale molto
importante ed appagante.

    Extradimensional: Questo momento culturale è di origine
moderna, poiché esiste   dal momento in cui ci si è posti l'idea che non
siamo soli nello spazio. Questo   momento culturale è la somma dei
momenti culturali precedenti senza la quale non   saremmo giustamente
tenuti a frequentare adesso quest'ultimo momento nel suo   pieno vigore.
E' il momento topico del percorso culturale di ciascuno di noi, ed è in
    questa sede che ci possiamo permettere di disquisire sull'esistenza di
vite   utraterrene e di altre dimensioni.

IL SENTIMENTO

Il Sentimento è il centro che si occupa delle emozioni e della vita affettiva,
esso permette all'Essere di interagire nel mondo, in un mutevole alternarsi
di relazioni che accumulandosi danno origine agli stati d'animo di cui
possiamo sperimentarne la qualità quotidianamente. Il Sentimento è
formato da sette indoli che ne formano le caratterische.

    7 indoli Sentimentali

    Vero L'indole del vero è innata in ciascuno di noi, essa cresce
con l'avanzamento   fisiologico, emotivo ed intellettuale. La nostra
capacità di discernimento da ciò che è vero a da ciò che è falso, dipende
dal senso naturale ad apprezzare più le cose vere da quelle false. Ciò che è
vero restituisce un senso di vita e giustizia, da ciò che   invece è falso. Per
questo il senso del vero è una inclinazione innata nell'uomo e   nella
natura.

Bello L'indole del Bello è innata dentro ciascuno di noi, essa cresce con   l'avanzamento fisiologico, emotivo ed intellettuale, abbiamo in noi un senso estetico   per ciò che è bello, vero è che possiamo anche coltivare questa inclinazione a farci   riconoscere le sfumature dell'estetica con l'apporto di una giusta dose di cultura a   tal riguardo.

Sacro L'indole del sacro è innata dentro ciascuno di noi, ed è quella sensazione che   certe cose non possono essere violate o toccate poiché appartengono al senso del   sacro, come alcuni valori della società moderna , la proprietà privata, la privacy ed i   legami sentimentali più intimi. Di conseguenza tutto ciò che esternamente   rappresenta il senso del sacro gode della inviolabilità da parte di tutti.

Utile L'indole dell'utile è innata dentro ciascuno di noi, è quella sensazione che gli   oggetti ed i pensieri abbiano una loro ragione d'essere in virtù della loro utilità.   Questo senso dell'utile ci permette di non sprecare energie in cose futili o dannose.   Il senso dell'utile è intrinsecamente anche positivo e buono, cioè ci fa progredire   nelle nostre forme culturali e di vita.

Misura L'indole della misura è innata in ciascuno di noi ed essa serve a misurare le   cose ed i pensieri, senza questo senso non avremmo misura poiche non saremmo in   grado di capirne le dimensioni. E' un senso importante per poter giudicare i rapporti di forza e debolezza fra le parti in causa, senza di esso vivremmo in un   caos di forze senza comprenderne il significato non che la misura. Grazie al senso   della misura possiamo godere di un mondo variegato comprendendone le forze e le   dinamiche.

Superiore Il senso del superiore è innato nell'uomo e senza di esso non potremmo   pensare neanche di convivere socialmente ed individualmente, i nostri rapporti di   relazione sarebbero nel caos, mentre invece la società moderna è strutturata su   livelli gerarchici ben precisi, pensando semplicemente al mondo del lavoro, se non   fosse innato il senso di superiorità e inferiorità che si può avere o riscontrare, la   società crollerebbe, nessuno ascolterebbe più nessuno. Grazie a questa indole del superiore possiamo ascoltare il nostro capo ufficio oppure farci

ascoltare dai   colleghi, cosi anche nelle dinamiche coniugali, familiari e
sociali.

Nobile Il Senso del Nobile è innato nell'uomo, tutta la storia del
genere umano si   basa sullo schema nobiliare, ed è un senso che ci
insegna i valori più alti della   convivenza privata e pubblica. Racchiude
in se quello che di meglio si è prodotto o   raggiunto da parte della
collettività e da parte dell'individuo. E' un senso che si può   affinare come
gli altri frequentando o informandosi sul tema e semplicemente farsi
guidare dalla corrente magnetica di questa indole che è cosi
importante per l'uomo   moderno.

LA VOLONTA'

La Volontà è il terzo organo della Personalità ove è racchiusa l'energia che
ci permette di fare ed agire nel mondo. Questo centro fornisce l'impulso,
proveniente dall'Essere per realizzare attraverso le dinamiche dell'Ego, i
propositi da perseguire impartiti dalla Coscienza. La Volontà è in stretto
rapporto con la Coscienza la quale muove le intenzioni all'Anima che a
sua volta, filtrando l'impulso, regola il karma con il passato in relazione al
presente, fino a che la Volontà viene ad essere rappresentata con una
azione concreta nella vita sia fisica che spirituale. La personalità quindi nel
suo insieme, si può dire che è l'intersecarsi delle energie di questi tre
centri, che sono tutti e tre allineabili attraverso l'esercizio e la pratica
spirituale. Per questa ragione possiamo sceglierci per intero la nostra
personalità le cui note generali che la caratterizzano apparterranno
necessariamente ad uno dei dieci tipi di personalità. Tuttavia questo non è
un limite ma un vantaggio di cui approfittare per allinearsi alla volontà
della legge di incarnazione che ha sapientemente scelto attraverso l'Anima
il nostro migliore percorso psicologico e spirituale. Per gli esseri più
evoluti ed antichi, questa scelta del tipo psicologico con cui filtrare la
realtà, è fatta in piena autonomia, prima dell'incarnazione sul piano
causale, ed a volte anche già preparata nella vita precedente.

i 7 Istinti Naturali

Creazione L'istinto di creazione è quell'impulso che ci permette di vivere   concretamente ogni attimo della nostra vita, per mezzo di esso possiamo veramente   sentirci vivi e propositivi nell'affrontare ogni giornata, anche se apparentemente non svolgiamo alcuna attività propriamente creativa o ricreativa.

Distruzione L'Istinto di distruzione è quell'impulso che ci permette di finire un attività o concludere un pensiero distruggendo il lavoro appena svolto per rifarlo nella maniera più appropriata, non necessariamente il distruggere ha un valore negativo, assume invece in questa fase un valore costruttivo, si distrugge per cambiare, per rinnovare.

Conservazione L'istinto di conservazione è quell'impulso che ci permette di accudire e preservare le cose più importanti ed utili alla nostra vita, conserviamo i ricordi gli oggetti ed anche le persone che ci stanno più a cuore. Senza questo istinto   il nostro vissuto perderebbe di significato poiché la conservazione è l'attività   predominante dell'uomo e degli animali, che ci permette di dare un significato   costante al nostro vissuto.

Conoscenza L'istinto di conoscenza è quell'impulso naturale innato nella mente   dell'uomo che lo spinge a conoscere ciò che vive e sperimenta. Nella nostra epoca   siamo assetati dalla conoscenza poiché viviamo l'era dell'informazione, ed oggi   conoscere equivale a potere, senza questo istinto l'uomo non si potrebbe evolvere   ed emancipare dal suo passato.

Benessere L'impulso al benessere coincide con la necessità di essere nella migliore condizione psicofisica possibile, per affrontare una vita dinamica ed armoniosa. E' un istinto innato che ci porta al miglioramento della salute ed anche   all'allungamento della vita nelle migliori condizioni, E' l'istinto che ci spinge ad   escogitare cure e soluzioni definitive a quell'unica malattia esistente che potremmo considerare la morte.

Cambiamento L'impulso dal cambiamento è innato nell'uomo, grazie alle sue doti   creative, di rinnovarsi ciclicamente per dare colore alla propria vita e sperimentare   nuove situazioni che la vita ci offre. Il cambiamento è un passaggio naturale ed   obbligato sin dalla nostra infanzia ma per i più pronti ed adulti di oggi significa   cambiare tutti i giorni rimanendo nell'intimo sempre sè stessi.

Realizzazione L'impulso di realizzazione riguarda il senso della nostra vita, a cui   dobbiamo dare un significato valido ed integrale con le aspettative della nostra   persona. Realizzarsi nella vita è di estrema necessità, e la maggior parte dei nostri   problemi derivano da una mancanza di realizzazione nei rapporti umani sul lavoro   o nella vita privata. L'istinto della realizzazione è quell'impulso che ci promuove   come esseri umani completi, esso ci spinge fino a che non siamo propriamente   realizzati, restituendo al traguardo un senso di appagamento e di pace con la nostra   anima, che ci rassicura di fronte al nuovo giorno.

Il CORPO

L'organo materiale dell'uomo è il suo corpo è suddiviso in più livelli, ed è il mezzo con cui l'essere incarnandosi trova un luogo circoscritto ove esprimere la sua vita attraverso i sensi e gli stati mentali. Il corpo di manifestazione vero e proprio è uno solo, mentre i livelli di percezione della vita e dell'ambiente sono Sette e tutti sperimentabili nello stesso involucro in ambienti adatti. Attraverso questi livelli percettivi l'essere vive la sua avventura nei Sette ambienti, quando esaurisce la sua ragione d'essere in un piano, egli abbandona il livello inferiore e sposta la sua frequenza coscienziale sul livello successivo per fare ingresso nell'ambiente superiore, cosi per tutti e sette i livelli ambientali e percettivi conosciuti come, fisico, astrale, mentale, causale, spirituale, atmico, extraterrestre. Il corpo che troviamo al momento della nostra nascita, è il risultato di sapienti calcoli karmici e l'influenza che siamo riusciti ad infondere sulla scelta del luogo, della nazionalità e della razza a cui appartenere per la singola incarnazione è in buona parte dovuta alla nostra volontà. L'involucro è di materia sempre più rarefatta, e gli organi che permettono alla Coscienza di interagire sono i sette Chakra, questi sono degli organi fisico-spirituali, poiché è per mezzo di essi che passiamo da uno stato all'altro, ed hanno un immediato impatto con i nostro fisico e la nostra mente. L'esercizio della loro attivazione, favorisce l'allineamento dei tre centri della personalità in accordo con le richieste dell'Essere, poiché l'impulso superiore si diffonde nell'organo piu denso di cui siamo dotati, il corpo fisico. Per mezzo dei Chakra l'attività spirituale comunica con l'attività materiale, per questo la conoscenza di questi organi ed il loro corretto funzionamento permette il regolare ed armonico flusso energetico dell'onda di vita del Logos. L'involucro fisico è il terzo apparato dell'individuo cosmico, ed il suo sviluppo e il suo corretto utilizzo e funzionamento, stimola i sette centri energetici del corpo, individuati nei sette chakra, facendo fluire le correnti bioenergetiche nella modalità più consona ed armonica per accondiscendere il volere dell'Essere e della Personalità. I Sette chakra sono direttamente collegati con le sette forze universali che corrispondono ai sette sensi dell'uomo cosmico. Questi sensi consentono di vivere e sperimentare le dimensioni della creazione e incontrare e comunicare con altre forme di vita planetarie, extraplanetarie, extradimensionali. Le sette Forze allineate portano al principio di equanimità come stato d'essere per affrontare ogni istante in ogni luogo.

Primo Chakra Questo organo permette di vivere la dimensione del suono in un ambiente atmico

Secondo Chakra Questo organo permette di vivere la dimensione della vista in un ambiente monadico

Terzo Chakra Questo organo permette di vivere la dimensione emotiva nello spazio in un ambiente spirituale

Quarto Chakra Questo organo permette di vivere la dimensione tattile nella forma in un ambiente causale

Quinto Chakra Questo organo permette di vivere la dimensione della mente nel tempo in un ambiente mentale

Sesto Chakra Questo organo permette di vivere la dimensione del palato nel gusto in un ambiente astrale

Settimo Chakra Questo organo permette di vivere la dimensione dell'olfatto nell'olfa in un ambiente fisico

I Sette Chakra sono degli organi fisici spirituali dove si trovano i sette punti energetici dell'uomo, con cui egli può collegarsi con le sette forze della natura in   accordo con i 49 dispositivi della chiave della vita. Divenendo e raggiungendo il   numero 50. Numero 50 che con riduzione teosofica diventa il 5 come dispositivo   eccellente del numero dell'essere umano completamente armonico. L'involucro   fisico risponde ai 7 Chakra collegati con le sette forze universali.

Primo Chakra
Regno: IDEALE
Forza: SUONO
Fenomeno: NOTE
Organo: UDITO
Habitat: ATMICO
Discorso: CHI

Secondo Chakra
Regno: UMANO
Forza: LUCE
Fenomeno: COLORE
Organo: VISTA
Habitat: MONADICO
Discorso: COSA

Terzo Chakra
Regno: ANIMALE
Forza: SPAZIO
Fenomeno: EMOZIONI
Organo: EMOTIVO
Habitat: SPIRITUALE
Dsicorso: DOVE

Quarto Chakra
Regno: VEGETALE
Forza: FORMA

Fenomeno: DIMENSIONE
Organo: TATTO
Habitat: CAUSALE
Discorso: COME

Quinto Chakra
Regno: MINERALE
Forza: TEMPO
Fenomeno: MEMORIA
Organo: MENTE
Habitat: MENTALE
Discorso: QUANDO

Sesto Chakra
Regno: ELEMENTALE
Forza: GUSTO
Fenomeno: SAPORE
Organo: PALATO
Habitat: ASTRALE
Discorso: QUANTO

Settimo Chakra
Regno: ARTEFICIALE
Forza: OLFA
Fenomeno: PROFUMO
Organo: OLFATTO
Habitat: FISICO
Discorso: PERCHE'

LA CHIAVE DELLA VITA

CHAKRA	REGNO	FORZA	FENOMENO	ORGANO	HABITAT	DISCORSO
I RAGGIO	IDEALE	SUONO	NOTE	UDITO	ATMICO	CHI
II RAGGIO	UMANO	LUCE	COLORE	VISTA	MONADICO	COSA
III RAGGIO	ANIMALE	SPAZIO	EMOZIONE	EMOTIVO	SPIRITUALE	DOVE
IV RAGGIO	VEGETALE	FORMA	DIMENSIONE	TATTO	CAUSALE	COME
V RAGGIO	MINERALE	TEMPO	MEMORIA	MENTE	MENTALE	QUANDO
VI RAGGIO	ELEMENTALE	GUSTO	SAPORE	PALATO	ASTRALE	QUANTO
VII RAGGIO	ARTEFICIALE	OLFA	PROFUMO	OLFATTO	FISICO	PERCHE

L'Uomo moderno nel suo percorso Evolutivo

L'evoluzione procede secondo leggi ben precise, tra queste, la legge di rinascita e la legge del Karma compongono il processo di evoluzione dell'Uomo sin dalla sua comparsa sulla terra. Una coscienza sviluppata, come ce ne sono a milioni oggi sul pianeta, si incarna in un involucro fisico che gli permette di sperimentare ed imparare nuove lezioni di vita per il suo progresso spirituale. Dapprima la coscienza ancora inesperta alle sue prime incarnazioni, sarà sospinta dalle onde di vita naturali provenienti dall'Universo, in questa fase la coscienza si muove in accordo con le leggi della natura nel suo insieme, poiché il suo processo di individualizzazione non è ancora adulto, per cui questa coscienza giovane non sceglie in maniera autonoma la propria incarnazione, ma si trova in mezzo alla corrente di vita per conquistarsi sempre più una coscienza autonoma. Oggi nel mondo su una popolazione approssimativa di 6 miliardi di uomini, di cui solo 2 miliardi vive in civiltà progredite, di questa parte solo 200.000.000 sono coscienze pienamente individualizzate, cioè sufficientemente adulte da scegliersi da loro stesse la propria incarnazione nel ciclo delle rinascite. Tuttavia solo una piccola parte di queste sono per così dire risvegliate e coscienti di alcuni stralci di vite passate, e consapevoli della legge di causa ed effetto, che permette loro di condurre nel presente una vita in armonia col proprio destino. E sempre una piccola parte della popolazione evoluta è consapevole della responsabilità delle proprie azioni visibili ed invisibili che esauriranno debiti passati e contribuiranno a semine future.

Prendiamo ad esempio una coscienza che ha alle spalle alcune incarnazioni e adesso è alla sua prima scelta di destino della sua vita sulla terra. La sua coscienza dimora su un atmosfera dell'universo, l' Atmosfera Causale. Da questa dimora privilegiata, senza tempo ne spazio, l'uomo vero spinto dal desiderio di vita, muove i suoi passi nei piani inferiori e prepara gli involucri sempre più densi fino a trovare l'involucro fisico sulla terra. Le dinamiche di scelta di incarnazione sono in accordo con le grandi leggi dell'evoluzione e della natura e dei suoi rappresentanti celesti. Per cui la coscienza comincerà ad individuare i tempi dell'incarnazione, optando per quei periodi che possono essere favorevoli con i traguardi raggiunti nelle epoche passate, e che adesso possono trovare qui la loro maggiore possibilità di espressione. Sarà la volta adesso di scegliere il luogo in cui rinascere, e qui si presentano i continenti, le nazioni, i popoli fino a scegliere anche il tipo di famiglia in cui essere cresciuto ed educato. La scelta non è certo libera ne casuale, ma si sposta in un margine di possibilità dettato dall'evoluzione raggiunta della coscienza, e secondo i meriti delle vite e del lavoro passato e dalle aspirazioni future. Secondo il nostro bagaglio evolutivo, possiamo assumerci anche l'onere di della scelta di ripetere delle lezioni di vita da cui non abbiamo ancora tratto il giusto insegnamento, ed in accordo con le schiere angeliche dispensatrici del Karma, optiamo per parte delle lezioni da rimparare. Come uno studente universitario al suo primo anno, si sceglie la facoltà da seguire e pianifica un certo numero di anni per apprendere nuova conoscenza che gli servirà in futuro.

La coscienza e' quindi pronta per incarnarsi, ed involve dai piani superiori a quelli inferiori fino giù al nostro, quello fisico. Una volta che la coscienza è incarnata, questa nel corpo fisico tocca il livello più basso dell'universo, e non ha altra scelta che evolvere nuovamente e risalire verso i piani superiori dell'universo stesso. Con l'uomo abbiamo il punto di risalita della coscienza nel suo percorso di evoluzione, per questo la vita terrestre è spesa per essere vissuta con l'intenzione intima di evolvere in forme e stati d'essere più progrediti. L'uomo quando si incarna lo fa per evolvere la propria coscienza. Ora le esperienze vissute nell'arco di una incarnazione si vanno a depositare nella memoria cosmica del vero uomo, cioè nel corpo causale che è l'unica parte della coscienza che è consapevole di tutte le incarnazioni precedenti e del processo di crescita effettuato e da effettuare. L'incarnazione di una vita sulla terra, per la coscienza dell'uomo vero quello che dimora nel corpo causale, è come un abito da indossare e sfoggiare nella giornata, e quell'abito il giorno dopo sarà diverso. Questo è quello che percepisce la coscienza causale, cioè l'unica vera e che è il risultato di tutte le vite passate in milioni di anni di evoluzione. L'età occulta dell'uomo vero, è mediamente di qualche migliaio di anni, fin da quando dai regni inferiori si è individualizzato in un involucro fisico umano.

L'incarnazione dell'uomo moderno è assai più variegata rispetto a quella degli uomini del passato. Oggi viviamo in un mondo di interrelazioni con realtà più vaste e dinamiche. Da qui la difficoltà a volte di non capire perché ci accadono cose che reputiamo ingiuste, questo fatto è dovuto alla complessità della legge di causa ed effetto che si sfilaccia sin nella più sottile delle trame. E' così che il battito di ali di una farfalla a Singapore, fa scoppiare una guerra mondiale in Europa. Tutte le azioni che compiamo non sono altro che vibrazioni che emettiamo nello spazio, anche i pensieri con le loro forme fanno altrettanto. E' difficile per chi non è abituato ad una visione più ampia e profonda della realtà, scorgere la concatenazione di cause che hanno generato l'effetto che reputiamo ingiusto. Secondo il disegno divino questo è per noi il migliore dei mondi possibili, non che esso non sia migliorabile, ma che al momento presente viviamo la situazione migliore dal punto di vista evolutivo.

Ecco l'infinita mutevolezza di rapporti con i nostri vicini e conoscenti, nella sfera privata o sul luogo di lavoro, negli happening pubblici o nelle grandi catastrofi naturali. Siamo interfacciati l'uno con l'altro secondo rapporti di simpatia e antipatia, di vicinanza e di interesse, così gli amici di infanzia che ci accompagnano magari per un intera vita non sono altro che individui conosciuti in vite passate. Per dare un immagine suggestiva potrebbero essere stati compagni di guerra in centurie romane, oppure giovani apprendisti nelle scuole di filosofia dell'antica Grecia, per ritrovarsi oggi come impiegati e manager in teleconferenza uno a Tokyo l'altro a New York. Le inclinazioni che possediamo, i talenti naturali che ci troviamo, non sono il frutto del caso o di un destino cieco e improvvisato, ma il risultato della giusta ricompensa del lavoro svolto nelle incarnazioni precedenti. E' cosi che adesso nella nuova vita possiamo beneficiare ed usufruire delle nostre capacità innate, pronte da spendere nel travolgente gioco della vita. La legge del Karma vale per le azioni fisiche come per quelle immateriali, del pensiero e dei sentimenti. Così la nostra vita affettiva, a partire dalla nostra famiglia è il terreno di prova per le nostre attitudini sentimentali, che si forgeranno con la vita sociale e le relazioni pubbliche. Sappiamo quanto la vita dell'uomo moderno sia piena di stimoli emotivi e sentimentali, e il nostro comportamento morale per cosi dire, è il risultato del comportamento morale delle vite passate. Se per caso abbiamo fatto torto a qualcuno in una vita passata, questo qualcuno si potrà presentare di nuovo in questa vita per reclamare un risarcimento che gli spetta. Oppure le schiere angeliche provvedono a regolare il karma di quella persona, attribuendoli una piccola serie di fastidi quotidiani che col tempo compensano il torto inflitto la vita precedente. Non necessariamente incontriamo le stesse persone ferite, o le stesse ingiustizie fatte, ma con modi e forme diverse in accordo con il Karma di famiglia, nazione, razza, e periodo storico ci ritroveremo situazioni analoghe del giusto valore. Ora le dinamiche del karma sono molto raffinate, per cui un torto assumerà una forma diversa, o addirittura se il nostro comportamento è in linea colle leggi dell'evoluzione, facendo azioni adeguate, scontiamo le vecchie azioni inopportune che non compariranno più come lezioni da imparare o difficoltà da superare. La legge del karma supera una normale concezione di male e bene che l'uomo ordinario ha nei confronti della vita, per cui molti fatti rimarranno inspiegabili per l'uomo meno evoluto, che vivrà ancora nell'idea che tutto accade per caso o per colpa di entità tiranniche e benevole a seconda del momento. La realtà invece è che noi siamo la causa di noi stessi, e ciò che seminiamo raccogliamo in accordo con le leggi di evoluzione. Un esempio su tutti è il fenomeno delle malattie. Queste sono semplicemente un dispositivo di crescita per l'uomo, ogni malattia o incidente che accade all'uomo, non sono altro che messaggi estremamente chiari di situazioni da affrontare che contengono un insegnamento prezioso per il proprio progresso spirituale ed anche fisico. Dapprima la malattia ci avvisa, poi ci parla ed è con essa che comprendiamo sulla nostra esperienza di vita diretta il messaggio che ci porta. La malattia fisica è sempre il risultato di una disarmonia spirituale, che si può ripercuotere anche in diverse incarnazioni. La malattia è il linguaggio della natura che ci dice su cosa dobbiamo lavorare per migliorare. Così in una incarnazione, gli angeli del karma distribuiscono in maniera armonica gli ostacoli naturali che la legge della Vita impartisce ai suoi ospiti. Questo in accordo con quel maestoso film drammatico che è la Vita. E' quindi un grande dono quello di vivere sulla terra. Una grande possibilità da giocare nel migliore dei modi possibili.

COSMOGONIA

La Forma dell'Universo
L'Universo nella sua complessità, si presenta come un unico grande organismo differenziato da sette piani di realtà, simili ma non uguali, di materia sempre più raffinata, in cui dimorano entità di diverso grado ed estrazione, ove la vita segue differenti leggi ma tutte in armonia con la volontà dell'Universo. La coscienza nel suo processo di incarnazione, nel caso dell'uomo scende dall'atmosfera causale all'atmosfera fisica, su ciascun atmosfera di esistenza la coscienza si incarna nel Suo Involucro,

cosicché l'uomo vero indosserà il suo abito su ciascuno dei tre mondi, l'atmosfera mentale, astrale, fisica, e lo abbandonerà quando il tempo della sua permanenza sarà scaduto. Su ogni atmosfera le possibilità di sperimentare la vita variano e differiscono per qualità e potenza, così sui piani superiori alcune facoltà fisiche permettono alla coscienza di sperimentare in maniera maggiore le relazioni fra i suoi simili e le entità esterne. Telepatia, chiaroveggenza, viaggi astrali sono all'ordine del giorno ad esempio per l'atmosfera astrale e mentale. Queste facoltà non sono altro che l'aspetto sperimentale di quello che accadrà un domani sul atmosfera più bassa dell'universo, cioè l'atmosfera fisica. L'Universo ha bisogno attualmente del passaggio della vita da un atmosfera all'altra, per naturalizzarla secondo la volontà naturale, e per uno scopo ancora maggiore, quando la creazione sarà completata, avverrà l'allineamento di tutti i piani di esistenza, permettendo così alle coscienze di attraversali, in continuità di coscienza, come se fossero un'unica grande realtà.

Atmosfera Atmica

Questa è la dimora eccelsa dell'universo, quivi abitano i due principi maggiori del Cosmo, l'eterno maschile e l'eterno femminile, quale espressione dell'aspetto duale della vita, sempre su questa suprema dimora si esprime l'idea della fratellanza con i suoi sette Fratelli e le rispettive spose. Determinando il principio settenario dell'universo, la Fratellanza emette continue onde qualificate che interpretano la grande onda di vita del Mondo. Su questa atmosfera la coscienza dell'uomo non può arrivare, ne conosce l'esistenza per via indiretta tramite i messaggeri naturali, ma attualmente la coscienza non è in facoltà di raggiungere una qualsiasi conclusione ragionevolmente accettabile dalla mente umana.

Atmosfera Monadica

Questa dimora è caratterizzata dal principio di unità, cioè tutto tende all'uno in rispetto alla qualità dell'atmosfera superiore. Quivi abitano i costruttori maggiori che sono a capo delle schiere angeliche, essi sono le dieci personalità dell'uomo che in perpetuo accordo modellano l'idea del migliore dei mondi possibili. E' qui che si concludono tutte le azioni e tutti i pensieri di tutti gli esseri che abitano l'universo, per decretarne il massimo valore di giustizia secondo le dinamiche divine promanate dalla Fratellanza, il supremo consiglio dei costruttori maggiori sentenzia il suo verdetto e lo replica ai mondi inferiori attraverso le sue schiere angeliche. Questa atmosfera non può essere raggiunta dall'uomo, solo le entità maggiori vi dimorano e operano di continuo secondo il volere dell'Universo rispondendo alle richieste che giungono dai piani inferiori e dall'uomo.

Atmosfera Spirituale

Questa dimora è quella che è depositaria della matrice dell'esistenza stessa, conosciuta come Akasha. Questo archivio custodisce ogni attimo di esistenza della creazione. Per creazione intendiamo tutti e sette gli ambienti abitabili e vivibili dall'uomo, quello dell'atmosfera fisica, astrale, mentale, causale, monadica e atmica. Questa grande matrice cosmica può essere consultata, dal chiaroveggente per risalire a fatti storici sin dall'età di inizio della creazione ai giorni nostri. Quivi risiedono anche le schiere angeliche dei Serafini e dei Cherubini essi sono gli archivisti del mondo, e fatti i debiti conteggi, operano per diffondere il loro messaggio in accordo con la volontà del supremo consiglio, per legiferare nei mondi inferiori e per ordinare l'onda di vita che, nell'atmosfera immediatamente inferiore alla loro, si trova a differenziarsi negli ego causali dell'umanità più progredita.

Atmosfera Causale

Questa dimora ospita quel complesso organico che è l'Iperuranio, in esso nascono e si propagano i modelli di tutte le idee della creazione, ciascuna idea presente nel mondo, sia essa fisica o immateriale, trova il suo archetipo in questo atmosfera. Un altro principio che abita questa atmosfera di esistenza è quello conosciuto come; il Male. La sua presenza comincia solo da qui, nei piani superiori questo principio non può esistere, diviene utile da questo livello in giù, poiché è necessario, come dispositivo di crescita per le coscienze. Su questo piano di atmosfera dimora anche l'uomo vero, cioè l'Essere che da questa atmosfera si ristora dalle incarnazioni avvenute e si prepara per quelle successive. La vita dell'uomo qui non ha nulla di simile alla vita dei mondi inferiori, possiamo affermare che qui nell'atmosfera Causale, l'essere rimane. Le schiere angeliche qui presenti sono quelle dei Troni e delle Dominazioni, essi operano quali assistenti del ciclo delle rinascite, dispensando i destini karmici per gli esseri che si incarnano.

Atmosfera Mentale

Questo piano di Atmosfera è il primo della creazione come la conosciamo noi. Qui la vita comincia a svilupparsi e a manifestarsi in tutta la sua magnificenza. Perché la vita dell'uomo adesso è di natura sociale e plurale, rispetto alla vita singolare e soggettiva dell'atmosfera causale. Qui l'esperienza di vita per l'uomo è idilliaca rispetto a quella nell'atmosfera fisica. Le schiere angeliche presenti sono quelle delle Potestà e quelle delle Virtù. Essi possono comunicare con l'uomo in maniera efficace, è qui che si scambiano i propositi umani con quelli naturali. Su questo piano l'essere sperimenta per la prima volta il sentimento della libertà o libero arbitrio. Questa qualità appare nel momento stesso in cui l'essere dall'atmosfera causale decide di incarnarsi nel mondo, e con questo atto accetta anche l'esistenza del male da cui poter emanciparsi con le sue scelte di condotta.

Atmosfera Astrale

Questa Atmosfera la seconda della creazione, qui la realtà è simile alla nostra, con qualità diverse. Qui vibra la città di Shamballa, l'attuale New York degli Stati Uniti d'America che è la capitale di quell'unica nazione che è la razza umana. Suo capo è il Signore del mondo, l'Antico dei Giorni, che è il nostro Sole con il suo sistema, qui egli supervisiona e distribuisce le iniziazioni a tutti i discepoli in cammino sul sentiero. Suo compito è quello di redigere di volta in volta un registro che segna gli sviluppi del mondo nel suo insieme, con l'aiuto delle schiere angeliche dei Principati e degli Arcangeli su questo piano si diffonde il volere dell'Universo per quei disegni naturali che sono riservati alla razza umana, da qui si decide se far incarnare personalità evolute, maestri o discepoli, nei momenti più opportuni, per sollevare l'umanità dal peso dell'evoluzione. Altri abitanti di questo regno sono quelle vite appartenenti al regno Elementale, questi sono esseri detti dalle due vite, sono presenti su questo piano di atmosfera ma scendono anche nell'atmosfera inferiore alla loro, l'atmosfera fisica, per compiti di natura evolutiva su consiglio delle schiere angeliche. Come gli anfibi che vivono fuori e dentro l'acqua, gli esseri Elementali entrano ed escono dall'atmosfera fisica a quella astrale. Per il chiaroveggente questi esseri sono spesso ambasciatori di grandi cambiamenti che riguardano le epoche storiche della vita del mondo.

Atmosfera Fisica

Questa Atmosfera di esistenza lo conosciamo tutti attraverso l'esperienza ordinaria di vita, qui la schiera angelica che dimora allo stato invisibile, cioè eterico, è quella degli Angeli, essi si occupano dell'immediato bisogno dell'umanità, con un'inclinazione al soccorso, un rapporto simile a quello che riserva l'uomo nei confronti dei propri animali domestici. L'altro regno invisibile che è presente su questo piano di atmosfera è quello degli elementali che operano in stretto rapporto con gli elementi della natura abbracciando i regni, animale, vegetale e minerale. Questi esseri sono coloro che presiedono a tutti i cataclismi terrestri cosi come alle belle giornate di primavera che compongono l'habitat dell'uomo di giorno in giorno. Altre vite nel cosmo, dell'Atmosfera Fisica, sono presenti in innumerevoli forme dalle angeliche alle terrestriformi, ed abitano spazi siderali lontani di cui l'umanità di tanto in tanto ne è venuta a conoscenza. In un futuro prossimo gli incontri con vite extraterrestri saranno cosa quotidiana. Un altro regno che vive su questa atmosfera è quello delle vite artificiali. Partendo dall'assunto che ogni cosa è viva, anche tutti gli oggetti, case, automobili, computer e tutto quello che costruisce l'uomo, come il talismano, fa parte di un regno della natura ben distinto, che solo nell'epoca moderna a visto nascere un'innumerevole quantità di beni di consumo con cui abbiamo a che fare tutti i giorni della nostra vita, con cui ci relazioniamo e ci identifichiamo.

Dal Germoglio evolutivo naturale allo sviluppo della Razza Umana

Per opera dei costruttori maggiori, l'universo è creato ed il nostro pianeta è nato. Su   di esso si comincia a svolgere il volere delle gerarchie delle potenze sotto l'egida dei   costruttori maggiori, per formare quello che sarà un pianeta vivo nella sua espressione in cui la possiamo intendere oggi con il termine di Vita. Enormi   cataclismi scuotono le masse magmatiche nelle profondità della terra, eruzioni   gassose inondano l'atmosfera rendendola pressoché insopportabile a qualsiasi   forma di vita. Dal Fuoco l'Acqua, il regno minerale con le sue rivoluzioni in accordo   con le sfere celesti delle gerarchie delle potenze opera adesso un raffreddamento   continuo e incessante, per formare un atmosfera idonea al sorgere del secondo   regno di natura, il regno vegetale. La crosta terrestre e la sua atmosfera muta in un   silenzio idilliaco, dopo il frastuono ecco emergere continenti e oceani, i primi fili d'erba coprono il suolo, la vegetazione in milioni di anni prende il possesso del   pianeta modificando l'atmosfera a sua immagine per accogliere l'ingresso di un nuovo regno di natura voluto dai costruttori maggiori che non smettono mai di   accompagnare l'operato evolutivo del pianeta terra. Il Nuovo regno a venire è quello animale, esso si propaga dai fondali marini fino ad occupare la terra ferma   con i suoi primi rudimentali rappresentanti, antenati degli insetti e con la   compagnia dei primi anfibi. Queste prime forme vivono in stretto rapporto con il   regno vegetale di cui si cibano e traggono forza. Il regno minerale al suo interno   adesso da vita a concrezioni eccellenti di minerali preziosi, svelando alla vita il   segreto delle sue perfette geometrie che rispecchiano il movimento cosmico degli astri di tutto l'universo. Da questi nuclei energetici promana l'ordine di procedere con la costruzione delle specie animali per giungere all'ultimo rappresentante della natura, l'Uomo. I costruttori maggiori infondo il loro volere ai costruttori minori che si affacciano nell'atmosfera terrestre. I costruttori minori sono quegli spiriti che rappresentano la sintesi di volontà dell'operato evolutivo dei regni di natura, essi cooperano all'atmosfera divina vibrando dal regno minerale, a quello vegetale, fino a quello animale. Il pianeta adesso è vivo, la vita cangiante è rigogliosa e sufficientemente equilibrata per dare il via alla costruzione dell'uomo. Le forme minerali, vegetali e animali cooperano nella loro legge di vita a formare una preghiera che possa risuonare nelle più alte sfere direttive celesti, fin su ai costruttori maggiori custodi dell'universo. Questi ultimi ricevuta la richiesta, la porgono alla volontà dell'Universo e da qui parte il segnale che acconsente il volere del Cosmo. Il terreno è pronto, tutti i regni di natura sono in fibrillazione, ciascuna vita esegue il suo compito al meglio delle sue possibilità, dal cristallo al fiore, dall'ape all'elefante, ciascuno emette la sua forma pensiero suscitando un'onda di energia naturale che guidata dalle geometrie divine dei costruttori minori e dei costruttori maggiori, genera in una sinfonia celeste la forma pensiero più audace, l'uomo. Egli appare nella sua prima forma eterica il cui seme della volontà risiede.

Così l'Universo tocca il punto più basso della sua esistenza.

La dimora che accoglie questo grande evento è una zona della terra modellata consapevolmente dai costruttori maggiori attraverso i costruttori minori, che prende il nome di Isola Bianca, continente emerso dagli oceani. E' qui che coincidono tutte le forze cosmiche della grande impresa naturale, sette promontori disposti a raggio provenienti da un'unica vetta, un clima di letizia primaverile rinfresca la brezza che accarezza il velo eterico dei primi rappresentanti della razza umana, senza un corpo fisico essi fluttuano nell'atmosfera consapevoli della propria vita, ancora scevra delle passioni dei sensi fisici e non distinta nei due sessi.

La Prima Razza: Gli Eterici

L'uomo primigenio è simile ad un campo di forza organizzato che aspetta di compiere il passo successivo, quello dello sviluppo dell'involucro fisico. Le sue geometrie interne sono la risultante di una confluenza di forme pensiero cosmiche   direzionate dalla volontà dei costruttori maggiori che hanno preparato l'atmosfera, e guidato le forze dei costruttori minori affinché la fierezza della creazione potesse esprimersi nell'uomo. Essi hanno forma gigante, 8-10 metri di campo energetico e   sono sospesi a qualche metro dal suolo. Non sono mortali, conoscono il fuoco e hanno sviluppato un senso primordiale dell'udito, essi si riproducono per scissione o gemmazione, quando crescono, raddoppiano il loro volume e si dividono, e presto fatto che l'intera isola bianca unico continente emerso è presidiata da questa prima razza madre umana da cui per scissione si sono prodotte le sette razze non   ancora ben definite nelle loro caratteristiche, tuttavia la legge del Settenario si esprime sin da subito facendo sette sottotipi della prima razza umana in forma   eterica, secondo il volere dell'Universo. La vita per questi esseri era un insieme delle   qualità di vita di quella animale e quella vegetale. Questa forma eterica era   sufficiente e bastava a se stessa per ospitare l'idea dell'uomo ancora nel suo germoglio. Un campo energetico sufficientemente organizzato da rimanere   compatto e distinto dalle altre forme di vita e correnti energetiche, per custodire   quello che sarà poi l'uomo nel suo stadio futuro.

La Seconda Razza: Gli Iperborei
Durante il susseguirsi delle età, la terra comincia a popolarsi di continenti e terre   emerse, formando sul pianeta quella forma a ferro di cavallo che caratterizzo   l'epoca dell'apparsa della seconda razza. Il clima era tropicale e la vegetazione   lussureggiante. Per opera degli spiriti di natura si cominciarono a formare dei gusci   di materia attorno al corpo eterico della prima razza. Questo processo portò alla scomparsa della prima razza che si fuse nella seconda con un rivestimento di materia e ne divenne il corpo eterico della seconda razza. Ecco formato adesso l'involucro fisico con il suo doppio eterico. L'uomo adesso con il guscio fisico scopre il senso del tatto. L'aria, la terra, l'acqua e il fuoco sono elementi che può   sperimentare con i suoi due sensi l'udito e il tatto. La coscienza si esprime   attraverso questi due sensi e i primi suoni vengono emessi quali segnali di una   rudimentale emozione, che trapela nei richiami che vicendevolmente si scambiano questi esseri ancora fluttuanti poiché forti del campo energetico eterico, ma adesso   dalle sembianze animali formi ed arborescenti con un lieve richiamo alle fattezze   umane. Una esplosione di varietà animali

ha adesso luogo, popolando l'intero   pianeta per preparare quel principio evolutivo che fa delle anime gruppo degli   animali il terreno per l'individualizzazione nel regno umano. Dal colore bianco   giallo questa seconda razza umana di riproduce non più per scissione o   gemmazione ma per mezzo dell'emanazione del sudore attraverso il guscio fisico che ne riveste la forma.

La Terza Razza: I Lemuriani

La terra adesso prende una conformazione singolare, il lento procedere delle terre   emerse da forma ad un unico grande continente chiamato Lemuria, la sua forma è   di una enorme cintura che avvolge l'intero pianeta con una grande isola continente   che sembra un ombelico. I grandi cataclismi si sono assopiti e anche se la forma della terra adesso differisce sensibilmente con quella attuale, l'atmosfera è più   simile alla nostra. Queste condizioni sono favorevoli per il grande avvento dell'involucro fisico, l'uomo si fa carne e abbandona la sua forma eterica per   immergersi nell'oceano dei sensi. La terza razza madre vede il suo procedere evolutivo attraverso le sue sette sottorazze che compiono quel grandioso passo   verso la forma fisica dell'essere umano, questi cambiamenti ebbero inizio 10 milioni   di anni fa e perdurarono nel loro ciclo per 5/6 milioni di anni. Occorse un processo   lento e faticoso per conformare l'involucro fisico adatto a quella idea primordiale di   uomo come destinatario del progetto divino.

La prima sottorazza era caratterizzata da una testa ovoidale con un occhio sulla   fronte, essa si riproduceva per il processo di sudorazione espellendo corpuscoli   gelatinosi. Il sentimento che pervadeva la loro coscienza era di unità nei confronti   del mondo e delle sue vite.

La seconda sottorazza emergeva dalle forme ovoidali che scaturivano per   sudorazione dai corpuscoli gelatinosi della prima sottorazza. In questo uovo   prendeva forma l'uomo con caratteristiche decisamente umane e androgine. La sua coscienza era di tipo duale.

La terza sottorazza vedeva le proprie giovani creature nascere dall'uovo con un   guscio sottile, come un pulcino fa per conto suo, così l'uomo nasceva già pronto e   forte per vivere le dure leggi della vita. Da qui nascevano in un primo tempo   ermafroditi, per poi via via formarsi una netta distinzione fra un sesso e l'altro e nascere unisessuati.

L'atmosfera circostante era nettamente ostile e le condizioni di   vita molto esasperate, per questo nascevano uomini dalla corporatura di 3-4 metri   per tenere testa alle incredibili creature di quell'epoca non certo docili, di cui i sauri   sono loro discendenti. L'occhio centrale di cui erano provvisti permetteva loro di   focalizzare la volontà del divino, ma con il tempo questa funzione venne sostituita   dalla comparsa dei due occhi per una migliore prestazione sull'atmosfera fisica.

Nella quarta sottorazza gli uomini erano dotati di una intelligenza intuitiva che   permetteva loro di rispondere all'organizzazione gerarchica delle prime   rudimentali espressioni di società. A presidiare queste prime organizzazioni sociali   discesero delle entità divine che assunsero delle forme di bellezza ed armonia e   potere assai superiori all'emaciata umanità, questi esseri dirigevano una prima   umanità ancora nella sua infanzia. Da qui nacque il sentimento fra gli uomini, che la   propria provenienza è naturale, e per la conformazione psicologica di allora era   naturale ricevere insegnamento da esseri che erano percepiti di evoluzione   superiore e provenienza naturale. Da qui l'evoluzione dell'umanità assume una   caratteristica determinata che permea tuttora nella nostra evoluzione, cioè il fatto   che l'evoluzione avviene grazie all'intervento di guide superiori all'uomo che   provengono dalle sfere celesti. Queste entità angeliche operarono una cernita fra gli involucri migliori, per preparali ad una evoluzione interiore ed esteriore per quanto   ne poteva rimanere da fare. Cosi anche gli esseri umani disincarnati che avevano   compiuto il loro ciclo di incarnazioni, si impossessavano di questi involucri per   sperimentare una nuova vita in evoluzione.

La quinta sottorazza fu totalmente creata dalle schiere angeliche che adesso   potevano direzionare in maniera efficace l'operato dell'umanità. E' cosi che scelsero   i migliori per rappresentarli nel mondo come re iniziati. Anche se le apparenze   fisiche avevano qualche cosa di bestiale, tuttavia fiorirono i primi bagliori di civiltà   organizzata con le sue leggi e i suoi pregi. In questa fase dello sviluppo umano, ha   senso parlare di cicli di incarnazione degli esseri individualizzati, che possono   progredire incarnandosi di vita in vita.

La sesta sottorazza preparò i migliori affinché potessero aiutare lo sviluppo della   razza successiva. Da qui la prima cooperazione nell'evoluzione delle razze fra   schiere angeliche e uomini incarnati.

La settima ed ultima sottorazza lemure assunse con il tempo una forma umana più   vicino alla nostra le dimensioni diminuirono e con esse la necessità di sopravvivere come unico scopo di vita. Grandi costruzioni di ingegneria furono erette, una civiltà   umana era comparsa definitivamente. Ma un grande evento era atteso dai più pronti, la discesa di un'entità conosciuta come il Signore del Mondo era attesa e così fu. Egli ebbe il grande compito di insufflare la scintilla naturale della mente, ora   tutta l'umanità aveva compiuto un passo epocale dal punto di vista della propria   evoluzione, se prima era l'istinto e i sensi a guidare la vita, adesso il mistero della   mente si fece strada. E' qui che possiamo definire il quid o scintilla naturale che fa   differente l'uomo dagli altri animali. Ora il cammino verso la crescita spirituale ed   evolutiva spettava all'uomo medesimo, conquistando una autonomia chiamata   libertà. Nella prossima razza madre la quarta, quella atlantidea, spetterà lo sviluppo   di una civiltà più simile a quella raggiunta oggi e che per certi aspetti ne si avverte   ancora una certa nostalgia.

La Quarta Razza: Gli Atlantidei

La terra con il suo movimento sismico disegna adesso sulla sua crosta una grande   forma di occhio, a formare un unico grande continente per quella che sarebbe stata   una delle civiltà umane più progredite sotto tutti i punti di vista. Per opera delle   gerarchie delle potenze tra cui il signore del mondo Sanat Kumara ed il Manu entità   preposta allo sviluppo delle razze, iniziarono subito un processo di incarnazione   per loro stessi ed i loro discepoli. E' così che presto scelsero dai migliori involucri   Lemuriani coloro che sarebbero diventati successivamente la prima sottorazza degli   atlantidei; i Rmoahal. Questa sottorazza incarnava ciò che di meglio era stato   costruito attraverso l'impulso della mente. Anche l'aspetto fisico adesso lo si può   definire del tutto umano, pur rimanendo la corporatura massiccia e l'altezza di 3   metri circa. Per stabilire questo tipo razziale in linea con il modello del Manu ci   volle circa un milione di anni, questa opera avvenne circa 1 milione di anni fa. I   Rmoahal combatterono sul continente con la restante razza lemure che scomparì via   via coi secoli. Per via della sua giovinezza questa nuova razza non era ancora in grado di erigere una civiltà ben governata, forme di una primordiale religiosità   permetteva loro di seguire in maniera psichica il volere del Manu. La seconda   sottorazza atlantidea; i Tlavatli, occuparono buona parte del continente, le loro caratteristiche fisiche diminuirono nelle proporzioni, essi erano governati da re e capi tribù, seguivano il culto del sole, e questo fece loro costruire siti sacri sugli altipiani, le arti e le scienze erano ancora grossolane. La terza sottorazza Atlantidea; I Toltechi essi misurarono dapprima sui 2 metri e mezzo per poi diminuire fino alla nostra statura media attuale. I Toltechi furono gli iniziatori di una grande civiltà, presto dominarono le altre razze ed occuparono il continente, stabilirono un vero e proprio impero con una capitale chiamata la Città delle Porte d'Oro, questo periodo fiorente durò per 10.000 anni, dopo avvenne il suo declino a causa del propagarsi dell'arte nera, a seguito di questa situazione un cataclisma scosse la terra e distrusse tutto quello che era stato costruito ed anche con esso quell'arte nera che ne aveva decretato il risultato. Il manu selezionò di nuovo i migliori involucri rimasti e propago quello che può essere definito un clan di provenienza naturale il cui compito era quello di diffondere il volere delle gerarchie delle potenze. Si riformò cosi, l'impero mondiale tolteco, ed il clan si incarnò di epoca in epoca, per fondare quella civiltà che oggi conosciamo come antica civiltà egizia. Grande periodo di conoscenze magiche e di prosperità regnarono sul pianeta con una nuova capitale, Città dalle Porte d'Oro. Ma la battaglia contro le arti nere continuò la sua strada e ben presto anche questo periodo fiorente terminò. Con l'inondazione del 9564 a.c. quello che era rimasto di Atlantide scomparse. La quarta sottorazza atlantidea; i Turaniani, questi svilupparono una specie di sistema feudale, accettarono la lingua dei Toltechi ma rivendicarono sempre una certa indipendenza, sperimentarono anche una specie di democrazia, ma che ben presto risultò fallimentare. La quinta sottorazza Atlantidea; i Semiti originari, di carattere turbolento, per mezzo di continue guerre salirono al potere impossessandosi della città dalle porte d'oro e qui vi regnarono per un certo periodo, e svilupparono una lingua loro. La sesta sottorazza Atlantidea; gli Akkadiani, questi più morigerati dei semiti, più inclini a seguire delle regole di governo con battaglie per mari e per terre, sconfissero i semiti e differivano nell'aspetto per le loro caratteristiche dai capelli biondi e dall'alta statura. La settima sottorazza Atlantidea; i Mongoli. Essi si svilupparono nella zona della Siberia attuale, a differenza delle altre razze, da principio erano un popolo nomade, di colore giallo, i giapponesi di oggi sono i diretti discendenti. Il sistema di governo vedeva un capo sacerdote che presidiava le genti per mezzo di una qualità psichica che la razza mongola possedeva come caratteristica, e rispetto   ai Toltechi avevano un atteggiamento più mite e riflessivo sulle cose del mondo.

La Quinta Razza: Gli Ariani

Ora il Manu potendo incarnarsi direttamente negli involucri fisici, prosegue con la sua opera di raffinazione per la costruzione delle razze successive, lui e i suoi   discepoli presenti nella razza Atlantidea, operano adesso una ulteriore selezione dei migliori candidati delle sottorazze atlantidee, da questi il Manu isolò, circa 100.000 anni fa, un esiguo numero di ferventi servitori del Manu, che risiedevano nei punti più alti degli altipiani allora presenti, questi sarebbero diventati il germoglio per la   nuova razza Ariana. Ma la conquista del Capo Nero era ormai prossima, così 9000   rappresentanti di questo nuovo gruppo fu costretto ad emigrare verso la terra che è oggi conosciuta come medio oriente. Li si stabilirono e proliferarono con   l'agricoltura e l'allevamento. Poco prima del cataclisma del 75025 a.c un ulteriore   esiguo numero di 700 rappresentanti si sposto verso le alture del tibet per poi stabilirsi sulle rive del mare dei Gobi oggi deserto dei Gobi. L'idea del manu era   quella di fondare le sotto-razze successive dalla razza madre, proprio nei pressi   dell'isola bianca, quale maestoso laboratorio alchemico per l'evoluzione delle razze.   Con l'incarnazione di emissari da parte del Manu, questa razza Ariana progredì   notevolmente, segnando sempre più una differenza con le razze atlantidee come quella dei Toltechi in via di scomparsa. Verso il 60.000 a.c l'opera del Manu raggiunse il suo apogeo, nell'isola bianca fu fondata la Città del Ponte, quale   somma espressione della nuova razza umana che identificava ciò che di meglio vi   era in terra e ciò che di meglio vi era in cielo. Forte di una architettura dal carattere   sacro, la città dominava adesso un impero su tutti i continenti e per 15.000 anni sulla terra regnò un vero e proprio sacro impero. Le prime emigrazioni della razza   radice cominciarono a popolare il continente indiano ed è qui che si formò la prima sottorazza Ariana; Gli Indù. Per altri 25.000 anni la nuova razza si espanse e regnò   sul pianeta, da altre emigrazioni successive nacquero le restanti sottorazze.

Nel 40.000 a.c. nacque la seconda sottorazza Ariana; Gli arabi. Per volontà del Manu   un gruppo scelto come pioniere dovette colonizzare una terra nuova per stanziarsi e   progredire, cosi alcuni rappresentanti lasciarono la Città del Ponte per avventurarsi   in terre lontane, terra conosciuta oggi come l'Arabia. Qui ebbero origine le grandezze delle dinastie faraoniche, di cui oggi conosciamo i resti ammirati da tutto il mondo, il governo teocratico fu l'impulso dominante per parecchi millenni.

Nel 30.000 a.c nacque la terza sottorazza Ariana; Gli Irani. Dopo 10.000 anni, alla Città del Ponte fu incubata la nuova razza pronta per emigrare e diffondersi nel mondo. In pochi anni l'intera Persia fu conquistata sottomettendo quello che delle razze atlantidee era rimasto, ed assoggettando le rimanenti tribù. Qui gli Irani si stanziarono e fondarono il loro regno che si estendeva per buona parte dell'Asia minore. Nel 29.700 a.c il Bodhisattva si incarnò e fondò la religione del fuoco come primo Zarathustra. Con questo regno, l'astrologia raggiunse il suo massimo splendore, e guidava scientificamente gli affari umani, pubblici e privati.

Nel 20.000 a.c nacque la quarta sottorazza ariana; i Celti. La grande razza madre Ariana era ormai in declino nell'Asia centrale, e dall'Isola Bianca però, il Manu riservò una particolare cura nella semenza della quarta e quinta sottorazza che doveva espandersi nel mondo. Qui vennero scelte delle famiglie dalle caratteristiche nobili e raffinate e che fossero incline alle belle arti, su mandato del Manu ben presto queste colonie raggiunsero i monti del Caucaso, qui si stabilirono e considerarono questa zona come il loro centro. Altre tribù si spostarono alla volta dell'Europa e nel 10.000 a.c queste tribù divennero quelli che erano gli antenati dei greci antichi. Nel corso dei secoli gli antenati dei greci dominarono tutto il mediterraneo, possedendo tutto il commercio del mediterraneo si spinsero all'interno dell'Europa dove stanziarono e fondarono quelle razze tipiche del nord Europa. Dalla conquista della Spagna salirono per il mare verso l'Irlanda e qui nacque la storia conosciuta come quella appartenente ai Tuatha de Danaan, rappresentati come Dei piuttosto che uomini. Questo deriva dal fatto che il Manu instillo delle qualità superiori nelle genti dell'Irlanda che poi caratterizzarono tutte le razze dei popoli nordici. Da qui le tradizioni nordiche, hanno tutt'oggi un rapporto privilegiato con le forze della Natura, per via della qualità instillata loro nell'antichità dal Manu.

Sempre nel 20.000 a.c fu simultaneamente preparata anche la quinta sottorazza quella dei Teutoni. L'emigrazione dall'Isola Bianca, prosegui anche per i Teutoni verso la Persia, ma prese una via diversa. Essi si stabilirono nell'Europa dell'Est e nei paesi del nord, per poi emigrare nell'America del nord, Australia e Africa meridionale. I Teutoni sono l'ultima sottorazza presente sul pianeta oggi ed a loro è affidato il compito di promulgare i principi di una confederazione mondiale fra tutte le nazioni per un nuovo ordine mondiale in accordo con le leggi divine e della natura sotto la volontà della Gerarchia delle Potenze.

La sesta sottorazza Ariana non ha ancora un nome ben definito, ma i più pronti possono già familiarizzare con il nome di razza: "Occidentale". Un grande cambiamento è in atto a regolare l'evoluzione delle razze. Molto probabilmente per la prima volta vedremo scomparire la razza precedente per far posto alla nuova razza entrante, senza spargimento di sangue. La trasformazione avverrà sulle strutture mentali più che su quelle fisiche, poiché l'involucro fisico dell'umanità attuale a discapito delle varie etnie, è pronto per una evoluzione di tipo spirituale globale. Cosicché la nuova razza Occidentale vedrà rappresentati, di colore Bianco, Nero, Rosso, Giallo e le loro combinazioni, entrare a far parte di quella Shanga nella Luce che caratterizzerà l'avvento dell'Uomo Nuovo, l'Uomo di Razza Occidentale. Alcune delle doti preminenti della nuova razza saranno una maggiore sensibilità per gli aspetti occulti della realtà, Si affineranno i sensi per percepire le forze naturali invisibili che erano prerogativa un tempo della razza Atlantidea. In aggiunta oggi sono assai sviluppate le caratteristiche mentali dell'uomo moderno ed è con esse che l'amalgama spirituale fonderà tutte le qualità materiali e sensibili in un unico potente principio evolutivo. Da questa sottorazza che è la sesta, per la regola evolutiva dello sviluppo delle razze, essa è anche la sottorazza da dove nascerà la nuova sesta razza madre. Per questo vincolo la nuova razza Occidentale possiede in se i germi di quello che si prefigurerà nella futura nuova sesta razza madre. Alcuni rappresentanti in via di formazione conterranno in loro il quid qualificante che distinguerà loro dalle razze precedenti, per semplificare possiamo affermare che gli uomini di razza Occidentale avranno una perspicacia esoterica molto pronunciata, e questo consentirà loro privilegi ma anche nuove responsabilità.

La Sesta Sottorazza Ariana, quella in via di sviluppo: I Teutoni

Sappiamo con certezza che l'evoluzione, anche con i suoi sbalzi e arresti di crescita, non perseguirà altro scopo che quello del miglioramento nella sua accezione assoluta. E' per questo che non

conosciamo nei dettagli le caratteristiche, possiamo   però anticipare alcune considerazioni che vedranno un miglioramento di tipo
evolutivo dell'uomo, cioè delle sue capacità intime di percepire e vivere la realtà, più che un progresso esterno alle sue facoltà come ad esempio quello tecnologico.   La via futura è per la vera tecnologia naturale nell'intimo dell'uomo, più che dei suoi artifici esteriori.

Il Seguito moderno degli eventi accaduti ai tempi dell'isola bianca di 1.000.000 di   anni fa con la discesa incorporea delle razze umane iperboree, rimangono ancora   oggi in Egitto i frammenti di quella che si può chiamare la nascita dell'uomo   dell'era moderna, grazie alle opere alchemiche ed alle conoscenze ancor oggi   tramandate della genetica. Il pianeta terra è stato visitato dai nostri vicini   extraterrestri per la prima volta 12.000 anni fa in cui abbiamo deciso insieme a loro   di generare la biodiversità dell'attuale popolazione mondiale attraverso l'opera
alchemica in concomitanza con le nostre civiltà amiche del nostro universo.

La magia rituale della forma per la bellezza ed armonia delle sette dinastie   faraoniche, le sette discendenze faraoniche con le sette razze, , le sette etnie   principali dei sette continenti 1 centro sud America, 2 Europa, 3 Unione Sovietica, 4   Giappone Cina India, 5 Scandinavia, 6 Africa, 7 Mediterraneo.

Sappiamo che 12.000 anni fa nell'antico Egitto, con l'ingresso della nuova sesta   razza ariana; Occidentale, essa avvierà, già da subito nella sua comparsa, un   processo di tipo conservativo del principio di bio-diversità. Nei prossimi 2.600 anni,   l'evoluzione dell'uomo di razza Occidentale andrà di pari passo con l'evoluzione della sua coscienza. Nuove possibilità si affacceranno, una vita multidimensionale
affiorerà, i differenti piani dell'universo saranno esplorati come i primi   insediamenti cosmici su altri pianeti saranno effettuati sull'atmosfera fisica. L'incontro definitivo con razze extraterrestri segnerà l'ingresso dell'umanità nella   grande confederazione galattica. L'uomo vivrà in un regno così vasto che non   basterebbero decine di libri per descriverlo. Una vera e propria moltiplicazione   della vita nelle sue forme più cangianti avvolgerà la coscienza dell'uomo ormai   cittadino multidimensionale dell'universo.

Le 28 tappe del percorso iniziatico

NEOFITA

1 Mondo Ordinario
Il Mondo ordinario è quel mondo in cui siete stati fino al momento di incontrare e   scoprire le qualità di un percorso iniziatico. In questa fase del mondo ordinario non   esiste ancora la novità o meglio non ne avete ancora scoperto i lati positivi per un   cambiamento, tuttavia questa situazione e la precedente hanno preso una forma ben   definita e avete adesso la consapevolezza del vostro mondo ordinario.

2 Privazione della Libertà
In questa fase successiva al mondo ordinario, percepite inevitabilmente una   mancanza di libertà, poiché non avete mai visto una via di uscita od una via nuova   che vi faccia realizzare quanto siete costretti nell'ordinarietà della vostra vita.   Questo impulso anticipa quelle situazioni che già state intraprendendo con la novità   del percorso iniziatico. Per questo realizzate il vostro stato ordinario di limitazione   in previsione dell'uscita verso la novità e libertà iniziatica.

3 Incidente Scatenante
L'incidente scatenante può essere in relazione ad un avvenimento accaduto prima che voi faceste la scelta di seguire un corso per l'evoluzione della coscienza come   quello iniziatico. Questa scelta ha dato il via all'incidente scatenante che potrebbe   aver avuto la forma di una discussione o di un vero e proprio piccolo incidente   domestico o relazionale che vi ha fatto capire che quel momento era adatto a   prendere una decisione definitiva per cominciare un percorso iniziatico. E' stato il   dispositivo effettivo che vi ha fatto prendere la decisione giusta nel momento   giusto. Se siete qui a leggere queste righe, allora l'incidente scatenante si è risolto in   maniera positiva e proficua, coloro che non hanno preso la stessa vostra decisione di intraprendere un percorso iniziatico avranno già glissato il loro incidente con   altre scelte di vita. Tuttavia se l'incidente scatenante è in relazione alla scelta di   seguire le vie dell'iniziazione, queste righe che state leggendo, vi confermano

della scelta più giusta e produttiva, svincolando l'incidente scatenante da eventuali effetti negativi.

4 Richiamo all'Avventura

Il Richiamo all'Avventura è quel sentimento eccitante che era nascosto nell'incidente scatenenate che in questa fase assume tutto il suo ruolo consapevole.   Adesso per voi dopo aver superato l'ostacolo siete premiati con un forte senso dell'avventura per aver intrapreso il percorso iniziatico, scoprendone le novità e gli entusiasmi come l'inizio di ogni buona avventura.

PROBANDO

5 Ferita Inconscia

La ferita Inconscia è quella vecchia forma mentis che vi siete costruiti nell'arco di tutta la vostra vita. E' una vera e propria ferita inconscia che non vi permette di affrontare con serenità la nuova avventura, riportandovi sempre indietro con i vecchi schemi mentali. Sapendo però di avere una ferita, possiamo intervenire per rimarginarla, facendo leva sulle nostre energie e seguire in tranquillità ed entusiasmo il percorso iniziatico.

6 Rifiuto del Richiamo

Il Rifiuto del richiamo all'avventura è il risultato della vecchia forma mentis che ostacola il naturale processo di conoscenza del nuovo programma evolutivo. Invece di soccombere e lasciarsi fuorviare dai vecchi schemi, approfittiamo di ponderare bene quali sono le cause che ci mettono dubbi su un percorso così ricercato e voluto, e già cominciato. Solo scoprendo i punti deboli siamo forti che questa fase del rifiuto del richiamo all'avventura è solo una molla che si sta scaricando per poi proiettarci nel vivo dell'avventura con le nostre energie.

7 Divieto

Con il divieto ci convinciamo che non possiamo in alcun modo proseguire il nostro   cammino, la ferita inconscia e il rifiuto dell'avventura ci hanno imposto un divieto che viene da dentro, nella sua lettura più positiva significa che ci stiamo assumendo   la responsabilità vera e propria di intraprendere o non intraprendere questo   percorso. Il divieto è una nostra presa di coscienza. Siamo noi soli, di fronte ad un   passo importante dal quale non si può tornare indietro. Forse con le nostre forze   non ce la facciamo, e rimaniamo in uno stato di attesa e meditazione sul da farsi, il tempo porta consiglio.

8 Incontro con il Mentore

L'incontro con il mentore è il momento più inaspettato ma più atteso per uscire dalla situazione di empasse del divieto a proseguire. Il divieto precedente   nascondeva una forte richiesta di aiuto senza la quale il nostro cammino si sarebbe interrotto. L'arrivo del mentore segna un traguardo importante poiché si certifica e   formalizza l'ingresso nell'avventura sotto la guida di chi ci può indirizzare sulla   strada iniziatica. Il mentore può essere una persona, o una esperienza significativa   oppure anche un libro o un film.

APPRENDISTA

9 Cambiamento

Il Cambiamento è quello che si aspetta il mentore da parte nostra, senza di quello   non saremo pronti a proseguire il cammino. Cambiamento che ci denuda dai   preconcetti e ci fa accettare con metodo ed attenzione gli insegnamenti per   affrontare l'avventura.

10 Infrazione

Con l'infrazione ci accorgiamo che l'inosservanza o la mancanza di partecipazione   verso i nuovi insegnamenti ci provoca uno shock. Questo ci fa capire in maniera   costruttiva l'importanza del percorso già raggiunto e l'importanza adesso di   prendere sul serio l'avventura che ci appare come una missione, i cui insegnamenti   valgono la loro comprensione.

11 Restaurazione della Libertà
La restaurazione della libertà, dopo l'infrazione shock, è la ricompensa raggiunta   che verifica in maniera positiva ed entusiasmante il percorso già fatto e che ci ridà   quel senso di libertà che avevamo perso ed anche dimenticato all'inizio del   cammino. La restaurazione della libertà è la condizione ideale per procedere operativamente nell'avventura iniziatica.

12 Missione del Piano
La missione giunge adesso, dopo che la restaurazione della libertà è avvenuta. Ci si   prefigura un fine determinato e chiaro sul piano operativo, tutti i nostri sforzi fino a   qui vengono giustificati dalla presentazione della missione, entriamo cosi a fare   parte del gruppo operativo dell'organizzazione iniziatica invisibile.

MAESTRO

13 Training
Il training per diventare un vero e proprio nucleo operativo, serve ad allenare le proprie capacità e si mettono a disposizione nuovi strumenti per procedere secondo   quello che è definito il Piano. In Questa fase al momento opportuno è dispiegato il   progetto del Piano secondo il proprio stato evolutivo. Di modo che ciascuno sia   efficace secondo le proprie possibilità evolutive ed operative.

14 Investigazione
Qui si avvia una ricerca delle concordanze personali e quelle in relazione al piano,   si effettua una vera e propria investigazione sui dispositivi del metodo iniziatico e   sulle proprie capacità ed inclinazioni psicologiche ed attitudinali, scegliendo e   definendo il proprio profilo di identità in seno alla via evolutiva.

15 Inganno
La scoperta di un inganno quando tutto sembra procedere per il meglio, ci fa alzare   la guardia. L'inganno può essere il travisamento di un progetto, o addirittura un   elemento od un individuo che è in antagonia con le linee direttive del Piano. Questo shock ci permette di essere più cauti nell'affrontare l'esecuzione del piano ed in risposta aumentiamo la nostra performance.

16 Varco della Soglia
Il varco della Soglia mette in chiaro la serietà del proprio impegno nei confronti di se stessi e dell'organizzazione invisibile di cui si è parte. Questo passaggio   iniziatico determina il vero ingresso nell'organizzazione invisibile, ed è sinonimo di   garanzia per entrambi, sia per il nuovo membro e sia per il resto   dell'organizzazione.

INIZIATO

17 Prove Preliminari
Le prove preliminari seguono una prima presentazione sugli scopi immediati del   Piano e mettono alla prova la capacità e l'idoneità del candidato, facendolo passare   di fase in fase ai progetti più segreti ed importanti che l'organizzazione si è   predefinita. Se il candidato supera le prove e accondiscende gli obbiettivi ultimi dell'organizzazione passa al livello di membro oprativo accettato.

18 Il Piano
Dopo le prove si dischiude il vero Piano nella sua totalità, il candidato dovrà essere   forte e determinato come si è rivelato nel superamento delle prove preliminari, per   affrontare con determinazione ed entusiasmo la sua nuova missione di vita e   ragione di vita.

19 Visita alla Morte
La Visita Alla Morte segna il passaggio della maturità del nuovo membro, è un rito   iniziatico che ci mette a confronto con la morte, sulla quale misuriamo le nostre   paure e selezioniamo le nostre armi interiori, fatte di alti valori morali ed etici.

20 Rinascita

La Rinascita è l'uscita dall'ultima prova iniziatica e ci restituisce una nuova visione   del mondo più ampia per la nostra nuova coscienza di iniziati, regalando un sollievo di libertà e padronanza di se stessi che prima non avevamo mai provato essere cosi integri e veri.

ADEPTO

21 Esecuzione del Piano L'esecuzione del piano è il traguardo dell'opera di tutti i   membri dell'organizzazione invisibile, il cui limite è posto solo dal tempo, in   relazione alla data epocale del 2012. In questo stadio ogni membro è consapevole ed ha fatto un voto di vita per consacrare gli obbiettivi e gli scopi dell'organizzazione   invisibile. Qui ogni membro riceve la sua mansione specifica di vita, quello che si   chiama vocazione o dharma. Una vera e propria scelta di vita e modo di essere agli   occhi del mondo.

22 Via del Ritorno La Via del Ritorno permette dopo questo lungo viaggio   iniziatico la normale conduzione di vita di tutti i giorni, è un rientro psicologico   nella quotidianità senza doverla perdere, ma con la consapevolezza di essere   qualcuno e qualche cosa di diverso dalla gente ordinaria, senza per questo collidere   con le banalità della vita di tutti i giorni.

23 Nuovo Essere della Trasfigurazione La trasfigurazione segna la propria   consapevolezza interiore a non essere più la stessa persona alla ricerca   dell'avventura, ma di essere una persona nell'avventura che l'ha gia affrontata e la   rinnova tutti i giorni della sua vita.

24 Padrone dei Due Mondi La padronanza dei due mondi significa essere   qualcuno di diverso dall'ordinario e non per questo esserne distaccato. Vivere il   mondo ordinario con quello complementare dell'essere membro di una   organizzazione iniziatica invisibile ma ben presente sul piane

AVATAR

25 Conquista dell'Elisir di Lunga Vita L'elisir conquistato, è la somma degli   insegnamenti ricevuti durante il lungo camminno iniziatico, Tecniche e stili di vita   che rendono l'esistenza più piacevole ed armoniosa, è l'elisir di lunga vita e   dell'immortalità che si è conquistato, con cui si può continuare ad incrementare la   nostra vita per i nostri benefici.

26 Nuovo Equilibrio Morale Il Nuovo equilibrio morale lo si acquisisce inevitabilmente dal percorso di evoluzione interiore che è stato compiuto. Inevitabile è cambiare la nostra visione del mondo con nuovi valori che surclassano   i vecchi facendoli apparire anche ridicoli se visti dal nuovo punto ed equilibrio   morale.

27 Rivelazione Tematica La Rivelazione tematica può apparire banale e semplice   come il successo avuto dai nuovi iniziati dell'organizzazione, ma a questo livello   dopo tutta la strada effettuata, la rivelazione tematica coincide anche con la   premessa tematica della organizzazione invisibile "La Vita è."

28 Celebrazione Il Rituale della celebrazione oltre ad essere un momento   commemorativo per i meriti degli iniziati e degli organi direttivi, è sopra tutto una   forte preghiera che suona nelle più alte vette dello spazio con la finalità comunicativa di ascoltare e trasmettere energia di luce a tutte le entità esistenti nel   nostro universo.

Le Sette Classi Spirituali

Classe Spirituale Numero 1
La Classe Spirituale numero 1 è contraddistinta dai 7 nuclei peculiari che sono:

1 NUCLEO
Potere, Validità e Sensibilità
La prima caratteristica determina il Potere come possibilità di fare o di non fare, essa agisce come propulsore nelle scelte di vita, la seconda caratteristica determina la Validità come aggiudicare le cose della vita come valide o non valide, la terza caratteristica determina la sensibilità come strumento per sondare la vita nei suoi aspetti e nelle sue sfumature.

2 NUCLEO
Coraggio, Sicurezza e Influenza
La prima caratteristica determina il coraggio quale funzione per procedere nella vita ed affrontare situazioni, la seconda caratteristica determina la sicurezza come sentimento di fiducia e certezza delle proprie azioni, la terza caratteristica determina l'Influenza come strumento per modificare le situazioni a nostro vantaggio nella vita

3 NUCLEO
Volontà, Dovere e Completezza
La prima caratteristica determina la Volontà come forza propulsiva a procedere nelle varie direzioni della vita, la seconda caratteristica determina il Dovere come compito verso se stessi e gli altri, la terza caratteristica determina la completezza come forma di integrità morale e fisica di uomini.

4 NUCLEO
Pace, Meditazione e Salute
La prima caratteristica determina Pace come dispositivo efficace per armonizzarsi con la vita, la seconda caratteristica determina la Meditazione come strumento di crescita e riflessione, la terza determina la Salute come principio da perseguire nella nostra vita.

5 NUCLEO
Verità, Custodia e Garanzia
La prima caratteristica determina la verità come valore imprescindibile da seguire per gli scopi della nostra vita, la seconda caratteristica determina la Custodia come dispositivo di privacy e riservatezza delle cose più intime della nostra vita, la terza caratteristica determina la garanzia come prova della nostra serietà con le persone e nella vita.

6 NUCLEO
Promessa, Profondità e Limpidezza
La prima caratteristica determina la Promessa come valore nei confronti dei nostri cari e delle persone piu stimate, la seconda caratteristica determina la profondità con cui affrontiamo i discorsi e confrontiamo le idee, la terza caratteristica determina la Limpidezza come modo di porsi nelle cose e con le situazioni della vita.

7 NUCLEO
Governo, Efficacia e Regola
La prima caratteristica determina il Governo come strumento di integrità morale e civile con noi stessi e gli altri, la seconda caratteristica determina l'Efficacia come strumento di misura e meta da raggiungere per i nostri scopi, la terza caratteristica determina la regola come principio di misura nelle cose e nelle situazioni.

Classe Spirituale Numero 2
La Classe Spirituale numero 2 è contraddistinta dai 7 nuclei peculiari che sono:

1 NUCLEO
Attenzione, Desiderio e Valutazione
La prima caratteristica determina l'Attenzione come dispositivo di giudizio e scelta per gli scopi della nostra vita sia interiore che esteriore, la seconda caratteristica determina il Desiderio come dispositivo per le nostre azioni interiori ed esteriori, la terza caratteristica

determina la valutazione come dispositivo di scelta fra le parti   nella nostra vita.

2 NUCLEO
Amore, Intelligenza e Felicità

La prima caratteristica determina L'Amore come principio in cui trovare e trasmettere negli altri ciò che di meglio abbiamo vissuto, è una condizione   fondamentale di sostentamento per il genere umano e noi stessi, La Seconda   caratteristica determina l'intelligenza come dispositivo per vivere la vita ed   apprezzarne i contenuti, la terza caratteristica determina la Felicità come stato   ottimale di vita da mantenere in maniera permanente per ogni istante della   giornata.

3 NUCLEO
Verbo, Denominazione e Logica

La prima caratteristica determina il Verbo come strumento attivo di vita con cui   possiamo comunicare con noi stessi ed il mondo, la terza caratteristica determina la   denominazione come secondo passaggio di elaborazione per dare unicità ed   intenzione alle parole nel cangiante canto della vita, la terza caratteristica è la   Logica come dispositivo neutrale per distinguere le sfumature del canto della vita.

4 NUCLEO
Vita, Comportamento e Energia

La prima caratteristica determina la vita come principio eccelso di se stesso, la   seconda caratteristica determina il Comportamento come atteggiamento   propositivo da mantenere nei confronti di se stessi e gli altri, la terza caratteristica   determina l'Energia come fonte inesauribile di forza propulsiva che ci permette di   vivere ed affrontare le situazioni interiori ed esteriori.

5 NUCLEO
Sacralità, Perfezione e Valore

La prima caratteristica determina la Sacralità come tematica di inviolabilità e   rispetto per ogni forma di vita materiale ed immateriale, la seconda caratteristica determina la perfezione come valore assoluto di arrivo ed anche come sentimento   da vivere in armonia con noi stessi e gli altri. La terza caratteristica determina il Valore come principio autoreferente e riferito alle cose della vita ed a coloro che ci stanno intorno.

6 NUCLEO
Genio, Attitudine e Competenza
La prima caratteristica determina il Genio come dispositivo che ci permette di   crescere ed evolvere e fa evolvere tutte le forme di vita conosciute, la seconda   caratteristica determina l'Attitudine come l'essere disposti nei confronti degli altri e   nei confronti della vita, la terza caratteristica determina la competenza come   strumento per poter ottenere in noi stessi e negli altri una garanzia della vita che stiamo conducendo.

7 NUCLEO
Dignità, Convenienza e Tatto
La prima caratteristica determina la Dignità intesa come obbiettivo minimo per la   propria vita privata e sociale e come sentimento appagante, la seconda caratteristica   determina la Convenienza intesa come dispositivo regolatore delle scelte della   nostra vita, la terza caratteristica determina il Tatto inteso come senso interiore nei   rapporti con gli altri e nelle situazioni della vita.

Classe Spirituale Numero 3
La Classe Spirituale numero 3 è contraddistinta dai 7 nuclei peculiari che sono:

1 NUCLEO
Conoscenza, Autorità e Sovranità
La prima caratteristica determina La Conoscenza come princpio di autorealizzazione nella vita e come strumento per la vita, la seconda caratteristica   determina L'Autorità come mezzo per raggiungere i nostri obbiettivi e conservarli,   la terza caratteristica determina la sovranità come sentimento pubblico e privato   che infonde energia propulsiva.

2 NUCLEO
Modo, Progresso e Crescita

La prima caratteristica determina il Modo come atteggiamento interiore e come qualità dei mezzi che usiamo per perseguire i nostri scopi nella vita, la seconda caratteristica è il progresso come principio per garantirci sempre un futuro migliore, la terza caratteristica è la crescita come fenomeno evolutivo per l'uomo e le situazioni della vita.

3 NUCLEO
Riguardo, Dono e Cortesia
La prima caratteristica determina il Riguardo inteso come dispositivo di salvaguardia di noi stessi e degli altri, la seconda caratteristica determina il Dono come possibilità concreta di attuare l'energia dell'amore, la terza caratteristica determina la Cortesia come strumento di approccio con le persone e con la vita stessa

4 NUCLEO
Comunicazione, Notizia e Propagazione
La prima caratteristica determina la Comunicazione come mezzo per coesistere insieme agli altri e fare le cose della vita con gli altri ed anche con noi stessi, la seconda caratteristica determina la Notizia come fenomeno della comunicazione ed anche come proiezione della nostra vita nel presente e nel futuro, la terza caratteristica determina la propagazione come liberazione di energia positiva che abbracci il singolo ed anche la collettività.

5 NUCLEO
Affetto, Animo e Concordia
La prima caratteristica determina l'Affetto come dispositivo di comunicazione ed introspezione per noi e gli altri ed anche per la vita, la seconda caratteristica determina l'Animo come strumento di intercessione fra il nostro vissuto e la vita degli altri, la terza caratteristica determina la Concordia come comprensione del nostro animo e dell'animo altrui.

6 NUCLEO
Previdenza, Dolcezza e Finezza
La prima caratteristica determina la Previdenza come dispositivo di previsione delle cose positive della vita e dargli la giusta collocazione, la

seconda caratteristica determina la Dolcezza come atteggiamento interiore da esibire con gli altri ed anche nei confronti della vita, la terza caratteristica determina la Finezza sia come strumento intellettivo sia come atteggiamento esteriore.

7 NUCLEO
Luce, Solennità e Sfarzo

La prima caratteristica determina la Luce come punto di riferimento per tutto ciò che è positivo ed anche rassicurante, la seconda caratteristica è la solennità come flusso irraggiante e serio delle cose più belle della vita, la terza caratteristica determina lo sfarzo come possibilità di impreziosire la nostra vita o la nostra persona.

Classe Spirituale Numero 4
La Classe Spirituale numero 4 è contraddistinta dai 7 nuclei peculiari che sono:

1 NUCLEO
Bellezza, Charme e Fascino

La prima caratteristica determina la Bellezza come canone estetico di per se stesso, la seconda caratteristica determina lo charme come strumento per infondere la bellezza su di noi e gli altri, la terza caratteristica determina il fascino come condizione interiore da raggiungere e sviluppare.

2 NUCLEO
Armonia, Stabilità e Simmetria

La prima caratteristica determina l'armonia come principio regolatore delle leggi della natura, la seconda caratteristica determina la stabilità come condizione necessaria alla buona conduzione di vita, la terza caratteristica determina la simmetria come canone estetico principale delle leggi della fisica.

3 NUCLEO
Temperanza, Discrezione e Stile
La prima caratteristica determina la Temperanza come modo di vita
interiore ed   esteriore da spendere nella società, la seconda
caratteristica determina la Discrezione come approccio agli altri e con noi
stessi, la terza caratteristica   determina lo Stile che è il modo originale
di ciascuno di noi per esprimere un   sentimento o dispiegare una
situazione di vita.

4 NUCLEO
Giustizia, Equità e Riflessione
La prima caratteristica determina la Giustizia come valore assoluto di
libertà   individuale e collettiva, la seconda caratteristica determina
l'Equità come modo di   porsi imparziali difronte alle situazioni della
vita, la terza caratteristica determina la   Riflessione come dispositivo
di ponderazione della realtà individuale o sociale.

5 NUCLEO
Lealtà, Autenticità e Spontaneità
La prima caratteristica determina la Lealtà come valore di giustizia e
imparzialità   verso se stessi e gli altri, la seconda caratteristica
determina l'Autenticità come   strumento per distinguere ciò che ha
valore e sincerità d'animo, la terza   caratteristica determina la
Spontaneità come flusso naturale della vita che sgorga imperioso nel suo
esprimersi.

6 NUCLEO
Disciplina, Formazione e Verve
La prima caratteristica determina la Disciplina come condizione
interiore ed   esteriore di porsi con il mondo, la seconda caratteristica
determina la formazione   come fenomeno evolutivo e di crescita
compiuta per noi stessi e gli altri, la terza   condizione determina la Verve
come propulsore di energia carismatica che ognuno   di noi può
esprimere.

7 NUCLEO
Libertà, Emancipazione e Protezione

La prima caratteristica determina la Libertà come principio assoluto di vita, la seconda caratteristica determina l'Emancipazione come strumento di crescita e sviluppo interiore e sociale, la terza caratteristica determina la Protezione come condizione auspicata e necessaria all'uomo per permettersi di vivere a pieno la propria vita.

Classe Spirituale Numero 5

La Classe Spirituale numero 5 è contraddistinta dai 7 nuclei peculiari che sono:

1 NUCLEO
Diligenza, Rigore e Tenacia

La prima caratteristica determina la Diligenza come sistema di procedimento negli affari privati e pubblici, la seconda caratteristica determina il rigore come dispositivo interiore di autostima e sincerità nei confronti degli altri, la terza caratteristica è la tenacia come energia di riserva da utilizzare per i propri obbiettivi individuali o comuni.

2 NUCLEO
Discriminazione, Catalogazione e Placet

La prima caratteristica determina la Discriminazione come strumento di spostamento nell'affrontare le strade della nostra vita, la seconda caratteristica determina la Catalogazione come strumento per mettere ordine ai numerosi stimoli che ci provengono dalla vita, la terza caratteristica è il Placet come metodo di assenso alle cose della vita ed alle nostre richieste più intime.

3 NUCLEO
Sapienza, Cognizione e Erudizione

La prima caratteristica determina la Sapienza come strumento di indagine filosofica ed esperienziale della nostra vita, la seconda caratteristica determina la Cognizione come strumento di analisi degli stimoli che ci provengono dall'esterno, la terza caratteristica determina l'erudizione come bagaglio interiore di cui usufruirne i benefici.

4 NUCLEO
Intuito, Fiuto e Nitidezza

La prima caratteristica determina l'Intuito come strumento da utilizzare per sondare e ponderare la realtà della nostra vita, la seconda caratteristica determina il fiuto come strumento sentimentale per valutare le sfumature dei pensieri e della vita, la terza caratteristica determina la nitidezza come condizione necessaria per affrontare ogni momento della nostra vita

5 NUCLEO
Intenzione, Applicazione e Neutralità
La prima caratteristica determina l'Intenzione come dispositivo per muoversi nel panorama della vita che ci permette di agire, la seconda caratteristica determina l'applicazione come strumento per dare la parola a noi stessi e agli altri, la terza caratteristica determina la neutralità come condizione di partenza per ogni qual si voglia attività interiore od esteriore.

6 NUCLEO
Perseveranza, Permanenza e Immanenza
La prima caratteristica determina la Perseveranza come condizione e strumento per raggiungere i nostri obbiettivi e a non scoraggiarsi di fronte alle difficoltà, la seconda caratteristica determina la Permanenza intesa come principio in cui la nostra intera esistenza è in uno stato di permanenza ed immortalità, la terza caratteristica determina l'immanenza come condizione durevole della nostra vita e di infrangibilità del nostro essere interiore.

7 NUCLEO
Maestà, Linearità e Onore
La prima caratteristica determina la Maestà come espressione dell'individuo o della vita nella sua massima integrità e splendore, la seconda caratteristica determina la Linearità come principio di procedimento verso l'unica strada naturale che ci porta verso la Vita, la terza caratteristica determina l'Onore come condizione interiore dell'animo e come disposizione nei confronti altrui.

Classe Spirituale Numero 6

La Classe Spirituale numero 6 è contraddistinta dai 7 nuclei peculiari che sono:

1 NUCLEO
Osservanza, Corrispondenza e Interdipendenza

La prima caratteristica determina l'Osservanza come strumento di diagnosi per se stessi e la vita, la seconda caratteristica determina la Corrispondenza come dispositivo di verifica della nostra comunicazione interiore ed esteriore, la terza caratteristica determina l'interdipendenza come fenomeno di connessione della nostra parte interiore ed il tutto della vita.

2 NUCLEO
Preghiera, Domanda e Adunanza

La prima caratteristica determina la preghiera come stato interiore d'essere, sempre in profondo stato meditativo con noi stessi e con quello che facciamo, la Domanda come valore ci permette di dare un senso ed una direzione alla nostra vita ed agisce come propulsore per stimoli sempre maggiori, la terza caratteristica determina l'Adunanza come chiamata interiore ed esteriore a quel richiamo intimo che risiede nel cuore di noi stessi.

3 NUCLEO
Divinità, Alleanza e Proposta

La prima caratteristica determina la Divinità come momento importante su cui riflettere la nostra anima a salvaguardia delle cose più preziose della nostra vita, la seconda caratteristica determina l'alleanza come indagine intima in noi stessi ed il richiamo per coloro che sono sintonizzati sulla stessa onda, la terza caratteristica determina la Proposta come disposizione naturale ed interiore a offrici come individui sia per noi stessi che per gli altri

4 NUCLEO
Modello, Anticipazione e Idea

La prima caratteristica determina il Modello come principio da seguire per ogni nostro sentimento creativo o spirituale, la seconda caratteristica determina l'anticipazione come dispositivo di vantaggio individuale o collettivo, la terza caratteristica determina l'idea come

principio interiore di noi stessi ed anche   collettivo a cui far tendere le
nostre energie per beneficiarne i risultati.

5 NUCLEO
Evoluzione, Vantaggio e Pregio
La prima caratteristica determina l'evoluzione come principio
dinamico del sistema della vita, la seconda caratteristica determina il
Vantaggio come fenomeno di   riuscita e traguardo per gli obbiettivi della
nostra vita, la terza caratteristica determina il pregio come principio a cui
riferire la nostra attenzione per le nostre   idee o i nostri oggetti.

6 NUCLEO
Genesi, Sacralità e Esemplarietà
La prima caratteristica determina la genesi come fenomeno
scatenante di ogni   nostra idea e della vita stessa, la seconda
caratteristica determina la sacralità come   principio delle più alte
attenzioni a cui noi rivolgiamo la nostra anima, la terza   caratteristica
determina l'esemplarietà come dispositivo della biodiversità di   ciascuna
idea e ciascun essere della vita.

7 NUCLEO
Benedizione, Difesa e Intesa
La prima caratteristica determina la Benedizione come atteggiamento
intimo di   proporsi con noi stessi e gli altri, la seconda caratteristica
determina la Difesa come   dispositivo attivo per la nostra sicurezza
interiore ed esteriore, la terza caratteristica   determina l'Intesa come
strumento dinamico per muoversi nella vita con   spontaneità ed efficacia.

Classe Spirituale Numero 7
La Classe Spirituale numero 7 è contraddistinta dai 7 nuclei peculiari
che sono:

1 NUCLEO
Nobiltà, Raffinatezza e Casta
La prima caratteristica determina la Nobiltà come valore intrinseco
all'uomo ed alla   vita stessa, la seconda caratteristica determina la
Raffinatezza come strumento di approccio alle persone ed alle cose della

vita, la terza caratteristica determina la   Casta come sistema
organizzante naturale di tutte le forme di vita esistenti.

2 NUCLEO
Tradizione, Antichità e Sistema
La prima caratteristica determina la tradizione come testimonianza
inscindibile del progresso dell'uomo e la nostra naturale inclinazione a
seguirne le indicazioni, la   seconda caratteristica determina l'Antichità
come valore da rispettare per   tramandarne i valori migliori sino al
nostro presente e futuro, la terza caratteristica   determina il Sistema
come principio regolativo dell'attività della nostra vita e della   natura.

3 NUCLEO
Magia, Tecnica e Capacità
La prima caratteristica determina la Magia come sentimento
romantico che designa   l'incanto ed il mistero della vita stessa, la
seconda caratteristica determina l'abilità   nello svolgere le nostre
mansioni, la terza caratteristica determina la Capacità come strumento da
adoperare nella vita per raggiungere i nostri obbiettivi.

4 NUCLEO
Tempo, Regolarità e Disposizione
La prima caratteristica determina il Tempo come fenomeno naturale
dello svolgersi   di tutta la nostra esistenza e di tutto ciò che esiste, la
seconda caratteristica determina la Regolarità come strumento per
affrontare lo scorrere della vita in   modo armonico ed efficace, la terza
caratteristica determina la Disposizione come   atteggiamento interiore
per completare il quadro della nostra vita.

5 NUCLEO
Origine, Formazione e Civiltà
La prima caratteristica determina l'Origine come fenomeno a cui
riferire l'inizio   della nostra vita ed attivarne il ricordo per la nostra anima,
la seconda caratteristica   determina la formazione come fenomeno di
sviluppo e sistema dell'evolversi della   nostra vita, la terza

caratteristica determina la Civiltà intesa come traguardo   dell'uomo per le sue intenzioni migliori e come referente interno all'uomo sociale.

6 NUCLEO
Serenità, Trasparenza e Generosità
La prima caratteristica determina la Serenità come atteggiamento interiore per   affrontare la vita e come valore da infondere al prossimo, la seconda caratteristica   determina la trasparenza come regola interiore da seguire quando compiamo una   azione mentale o materiale, la terza caratteristica determina la generosità come atteggiamento positivo nei riguardi di noi stessi e degli altri, ricavandone a nostro modo sollievo.

7 NUCLEO
Servizio, Performance e Progettualità
La prima caratteristica determina il Servizio come richiesta importante del nostro essere nei confronti di noi stessi e della collettività, la seconda caratteristica   determina la Performance come strumento di misura delle nostre capacità e   traguardi salvaguardandone l'efficacia, la terza caratteristica determina la   progettualità come principio trainante delle mire più alte e nobili della nostra vita.

Le Dieci Personalità

Personalità: 1 Cifra, 2 Segno, 3 Sigla, 4 Simbolo, 5 Emblema, 6 Marca, 7   Firma, 8 Nome, 9 Numero, 10 Marchio.

PERSONALITA' NUMERO 1 CIFRA Messaggero Enigmatico
La personalità 1 è caratterizzata delle doti di messaggero con inclinazioni a tutto ciò   che riguarda l'enigma e il mistero. Le sue caratteristiche sono di comunicazione verso gli altri con l'intenzione di portare messaggi importanti alla persona presa in questione, egli ha una propensione ad inviare messaggi espliciti o implici con le   persone con cui si relaziona, con il garbo di mantenere una dose di enigmaticità nelle sue note che ha il piacere di inviare agli altri.

PERSONALITA' NUMERO 2 SEGNO Affettivo Sentimentale
La personalità 2 e caratterizzata dalle doti di affetto e sentimento, egli si prodiga in   maniera affettiva e sentimentale verso il prossimo, e

determina un aura di pace e   piacevolezza con chi incontra, la sua inclinazione sentimentale lo porta ad essere sensibile sulle questioni importanti della vita, quali l'affetto, l'amore e l'amicizia.

PERSONALITA' NUMERO 3 SIGLA Melodico Informatore
La personalità 3 e caratterizzata dalle doti di melodia e informazione, egli si prodiga   in maniera musicale con il prossimo persuadendo se stesso e gli altri, con   l'inclinazione ad informare l'altro su cose o fatti che lo riguardano e che riguardano   la vita in generale.

PERSONALITA' NUMERO 4 SIMBOLO Ideale Immaginifico
La personalità 4 e caratterizzata dalle doti di ideale e immaginazione, egli si prodiga   in maniera idealistica con le persone e nei confronti della vita, mirando sempre alle   mete più alte delle idee, avendo una inclinazione per l'immaginazione che lo porta   a spiegare i suoi punti di vista con le immagini.

PERSONALITA' NUMERO 5 EMBLEMA Personificante Raffigurativo
La personalità 5 e caratterizzata dalle doti di personificazione delle proprie idee e   del modo in cui egli si propone agli altri, avendo una inclinazione a raffigurare le   idee o le situazioni che vuole comunicare a se stesso ed agli altri in maniera   antropomorfa.

PERSONALITA' NUMERO 6 MARCA Classificante Riconoscente
La personalità 6 e caratterizzata dalle doti di classificazione della propria situazione   di vita e delle proprie idee avendo una inclinazione al riconoscimento come modo   di confronto con gli altri per le sue idee e proposte affettive.

PERSONALITA' NUMERO 7 FIRMA Autorevole Prestigioso
La personalità 7 e caratterizzata dalle doti di autorità con cui egli entra in contatto   con gli altri e negli affari della vita con una inclinazione a tutto ciò che è prestigioso,   proponendo agli altri le sue scelte sulle cose della vita forte della sua competenza.

PERSONALITA' NUMERO 8 NOME Esigente Qualificato

La personalità 8 e caratterizzata dalle doti di esigenza come stato abituale di porsi   nella vita e con se stesso con una inclinazione alle cose qualificate che sceglie con cura e dovizia di particolari per poterle proporre agli altri.

PERSONALITA' NUMERO 9 NUMERO Classico Generoso
La personalità 9 e caratterizzata dalle doti classiche come espressione di una   tradizione che egli segue come punto di riferimento e su cui poggia ogni certezza con una inclinazione alla generosità che offre agli altri dovuta alla sua esperienza   consolidata.

PERSONALITA' NUMERO 10 MARCHIO Distinto Originale
La personalità 10 e caratterizzata dalle doti di distinzione come modo di essere per   se stesso e gli altri che egli aiuta a distinguersi comunicando la sua indole con un   inclinazione all'originalità permettendo a se stesso ed agli altri un tocco di   indipendenza.

I SETTE REGNI DELLA NATURA

Regno Elementale
Questo Regno della Natura si contraddistingue per la sua forma di base della vita, esso racchiude in se tutte le forze primigenie della natura, dagli elementi alle forze della natura con tutti i suoi fenomeni naturali, fino a scendere nella sua parte atomica della materia. Esso si suddivide in sette grandi segmenti che sono: Alimenti; Grano, Kamut, Quinoa, Soya, Basmati, Amarath, Mais. Terra; Ghiaccio, Montagna, Collina, Deserto, Canion, Jungla, Pianura Aria; Pioggia, Grandine, Neve, Tornado, Tuono, Tempesta, Vento. Acqua; Fiume, Lago, Torrente, Ruscello, Cascata, Mare

Stagno. Fuoco; Magma, Incendio, Fulmine, Gaiser, Vulcano, Solfarole, Fuochi Fatui. Materia; Oro, Argento, Rame, Ferro, Platino, Alluminio, Acciao. Elementi; Idrogeno, Ossigeno, Azoto, Carbonio, Elio, Neon, Fluoro.

Regno Minerale

Questo Regno della natura si contraddistingue per la sua forma concreta ed evidente nell'Universo, esso racchiude in se la forza apparentemente inerte del pianeta che ha permesso grazie alla sua lavorazione, la maggior parte di tutte le costruzioni dell'uomo. Esso si suddivide in sette grandi segmenti che sono: pietra; Cemento, Ceramica, Prefabbricato, Granito, Marmo, Cotto, Mattone. pece; Sabbia, Argilla, Pongo, Das, Paraffina, Silicio, Polvere. petrolio; Benzina, Metano, Catrame, Gas Liquido, Propano, Alcool, Olio Minerale. plastiche; plastica, gomma, caucciù, lattice, nylon, silicone, elastico. grafite; gesso, pastello, matita, carboncino, cipria, biro, stilografica. resina; inchiostro, tempera, colla, vernice, incenso, scotch, smalto. vetro, fibra di vetro, plexiglas, vetroresina, cristallo, mosaico, schermo, cristalli liquidi.

Regno Vegetale

Questo Regno della natura si contraddistingue per la sua forma di vita che possiamo vedere crescere e proliferare, il Regno Vegetale è il primo segnale di vita che si avvicina alla vita come la conosce l'uomo. Esso si suddivide in sette grandi segmenti che sono: Alberi; Quercia, Salice, Sequoia, Baobab, Pino, Acero, Abete. Piante; Nocciolo, Fico, Melo, Ciliegio, Pesco, Arancio, Banano. Arbusti; Buganvillee, Gelsomino, Azalea, Edera, Campanelle, Ciclamino, Gardenia. Erbe; Alga, Salvia, Rosmarino, Eucalipto, Menta, Lavanda, Mirra. Funghi; Muschio, Porcino, Amanita, Chiodino, Prataiolo, Lactarius, Pleurotus. Fiori; Orchidea, Rosa, Tulipano, Giglio, Primula, Ninfea, Viola. Radici; Ginseng, Carota, Rapanello, Tartufo, Barbabietola, Patata, Patata Dolce.

Regno Animale

Questo Regno della natura si contraddistingue per la sua forma di vita esteriore che possiamo vedere dalle forme minime ai mastodonti. L'uomo ha imparato sin da subito a condividere la vita con questo regno che è il più vicino oltre la sua specie. Il regno animale è un vero e proprio regno complementare al regno umano. Esso si suddivide in sette grandi segmenti che sono: Domestico; Cane, Gatto, Coniglio, Scoiattolo, Furetto, Volpe, Ermellino, Lucertola, Geco, Camaleonte, Cobra, Tartaruga, Vipera, Iguana. Fattoria; Cavallo, Cammello, Lama, Elefante, Giraffa, Alce, Zebra, Mucca, Capra, Asino, Caribù, Toro, Bisonte, Bufalo. Bosco; Stambecco, Renna, Lupo, Orso, Lontra, Castoro, Cinghiale, Cervo, Camoscio, Cerbiatto, Pinguino, Panda, Gufo, Gatto delle Nevi. Giungla; Antilope, Giaguaro, Puma, Tigre, Leone, Ghepardo, Pantera, Ippopotamo, Coccodrillo, Struzzo, Rinoceronte, Canguro, Boa, Pitone. Mare; Delfino, Squalo, Balena, Orca, Tonno, Pesce Spada, Smeriglio, Medusa, Cavalluccio Marino, Stella Marina, Aragosta, Polipo, Seppia, Granchio. Zoo Safari; Cigno, Pavone, Oca, Picchio, Gru, Fenicottero, Bradipo, Scimpanzé, Lepre, Lemure, Civetta, Porcospino, Tasso, Puzzola, Cielo; Rondone, Rondine, Pipistrello, Merlo, Passero, Piccione, Cornacchia, Falco, Condor, Gabbiano, Aquila, Pappagallo, Pellicano, Ibis.

Regno Umano
Questo Regno è quello in cui ci troviamo, e si contraddistingue per la sua forma di vita che possiamo conoscere per esperienza diretta. Esso si suddivide in sette grandi segmenti che sono: Fuori Casta: In questa fase, l'uomo nell'età fino ai ventuno anni incorre nel percorso biodrammatico di; Mondo Ordinario, Privazione della Libertà, Incidente Scatenante, Richiamo all'Avventura Probando: In questa fase, l'uomo nell'età fino ai ventotto anni, incorre nel percorso biodrammatico di; Ferita inconscia, Rifiuto del Richiamo, Divieto , incontro con il mentore. Apprendista: In questa fase, l'uomo nell'età fino ai trentacinque anni, incorre nel percorso biodrammatico di; Cambiamento, Infrazione , Restaurazione della Libertà, Missione del Piano. Maestro: In questa fase, l'uomo nell'età fino ai quarantadue anni, incorre nel percorso biodrammatico di; Training, Investigazione, Inganno, Varco della Prima Soglia. Iniziato: In questa fase, l'uomo nell'età fino ai quarantanove anni, incorre nel percorso biodrammatico di; Prove Preliminari, Il Piano, Visita alla Morte , Rinascita. Adepto: Esecuzione del Piano, Via del Ritorno, Trasfigurazione, Padrone dei due Mondi. Avatar: Conquista Elisir, Nuovo Equilibrio Morale, Rivelazione Tematica, Celebrazione

Regno Artificiale
Questo Regno della natura si contraddistingue per la sua forma di vita costruita dall'uomo, esso si suddivide in sette grandi segmenti che sono: Elettrodomestici: Televisione, Telefono, Radio, Lavatrice, Frigor, Forno, Computer. Trasporti: Auto, Moto, Pullman, Treno, Metropolitana, Aereo, Nave. Culturali: Teatro, Cinema, Arte, Turismo, Moda, Olimpiadi, Nobel. Scoperte Scientifiche: Bomba Atomica, Dna, Antidoti, Elettricità, Fuoco, Ingranaggi, Volo. Rivoluzioni Sociali: Agricola, Schiavitù, Industriale, Libertà della Donna, Diritti Umani, Religiosa, Extraterrestre. Daylife: Vestito, Portachiavi, Passaporto, Tessera Sociale, Carta di Credito, Patente di Guida, Tessera Associativa. Urbanistiche: Strade, Porti, Aeroporti, Grattacieli, Ville, Condomini, Parchi.

Regno Ideale
Questo Regno della natura si contraddistingue per la sua forma immateriale di vita che possiamo percepire con parte dei nostri sensi. Esso si suddivide in sette grandi segmenti che sono: Proposito delle tenebre: Potere, Coraggio, Volontà, Pace, Verità, Promessa, Governo. Proposito dell'Amore: Attenzione, Amore, Verbo, Vita, Sacralità, Genio, Dignità. Proposito della Luce: Conoscenza, Modo, Riguardo, Comunicazione, Affetto, Previdenza, Luce. Proposito dell'Armonia: Bellezza, Armonia, Temperanza, Giustizia, Lealtà, Disciplina, Libertà. Proposito della Conoscenza: Diligenza, Discriminazione, Sapienza, Riflessione, Intenzione, Perseveranza, Maestà. Proposito della Genesi: Osservanza, Preghiera, Naturalezza, Valutazione, Evoluzione, Genesi, Benedizione. Proposito del Cosmo: Nobiltà, Tradizione, Magia, Tempo, Origine, Serenità, Servizio.

NOTA PER IL LETTORE:

Questo libro rappresenta il primo studio del percorso di ricerca dell'autore, in cui si mischiano realtà e fantasia. Per proseguire il cammino verso la conoscenza, l'autore ha sviluppato il suo pensiero in un altro libro, "La Teoria della Vita, Biosofia" in cui si sviluppano alcune conoscenze già contenute nel "Manuale Esoterico", epurate dall'emotivo, e sintesi del pensiero che conducono ad una teoria sulla vita completa ed esauriente in cui vi si può fare affidamento senza cadere in suggestioni fuorvianti. L'invito al lettore è quello di proseguire la propria ricerca leggendo quest'altro libro, seguendo il percorso di ricerca dell'autore, per giungere in fine alle ultime conoscenze conquistate.

THE ALKEM LIFE INSTITUTE 2011
www.alkemlife.it